DERNIÈRES

OBSERVATIONS

Sur l'accord de la Raison & de la Religion, pour le rétablissement du DIVORCE, *l'anéantissement des* SÉPARATIONS *entre époux, & la réformation des lois relatives à l'*ADULTERE.

PAR M. BOUCHOTTE, Député du Département de l'Aube.

Hominum causâ omne jus constitutum. Hermogenianus, l. I., §. de statu hom.

Semper sexus masculinus etiam fœmininum sexum continet. Julianus, l. 26, §. de Leg. 3.

Le droit n'a été établi que pour les hommes, & le sexe féminin est aussi compris sous ce terme générique.

A PARIS,
DE L'IMPRIMERIE NATIONALE.
1791.

DERNIÈRES OBSERVATIONS

Sur l'accord de la Raison & de la Religion, pour le rétablissement du DIVORCE, *l'anéantissement des* SÉPARATIONS *entre époux, & la réformation des lois relatives à l'*ADULTÈRE.

Contenant l'examen du Concile de Trente, & la concluſion de l'Ouvrage.

Le troiſième chapitre de la ſeconde partie de ces obſervations, a eu pour objet de démontrer que *l'Egliſe, pendant douze ſiècles, laiſſa ſubſiſter l'uſage du Divorce, & expliqua l'Evangile & les épîtres dans le ſens contraire aux anti-divorciaires :* la multiplicité abſolument néceſſaire de recherches, de citations & de réflexions ſur celles qui avoient été oppoſées à notre ſentiment, a rendu le travail plus long, & a néceſſairement retardé l'impreſſion.

Comme on s'occupe, dans ce moment, du projet de loi, que les Comités de *Conſtitution* & [illegible] *que* réunis ont préſenté pour fixer l'état des naiſſances, des mariages & des décès, & que l'Aſſemblée nationale a ajourné cette matière à deux différentes fois, j'ai cru ne pouvoir mieux faire que de presser l'impression de ce qui est relatif à cette question : l'ajournement suppose que l'Assemblée a cru que sa sagesse n'étoit pas encore assez éclairée sur le mode qu'elle devoit employer pour remplacer, dans l'ordre civil, les Ecclésiastiques, chargés jusqu'ici de ce soin pour les Catholiques.

Ce ne peut être effectivement, ni le desir de rejeter cette loi, ni celui de l'écarter qui ait pu faire prévaloir l'ajournement : tous les citoyens sont égaux aux yeux de la loi, abstraction faite des vérités ou des erreurs religieuses qu'ils ont adoptées: tous naissent, tous se marient pour la patrie : c'est la patrie qui perd ceux qui meurent; les mêmes registres doivent donc contenir l'état général de ce qu'elle gagne ou de ce qu'elle perd en population; & ces registres, communs à tous, doivent être le titre de tous les membres de la grande famille, pour justifier leur état & leurs droits à des successions, dont les préjugés de religion ne doivent priver aucun citoyen.

Qu'on se décide ou non à laisser aux Ecclésiastiques constitutionnels la charge de tenir ces registres, cela est parfaitement indifférent : car, dès que le Curé aura des fonctions civiles, tellement distinctes de ses fonctions sacrées, qu'il dressera également les actes qui constateront la naissance, le mariage & le décès du Juif & du Musulman, du Protestant & du Catholique, il ne sera alors qu'un Officier civil pour la tenue de ces actes; mais il faut que les registres qui doivent assurer l'état des citoyens & même des étrangers, soient communs à tous les hommes (1).

(1) Pour que cette portion de l'Ouvrage fasse corps avec les deux livraisons, qui doivent la précéder, le chiffre de chaque page de celle-ci sera entre deux parenthèses.

CHAPITRE IV.

Le décret du Concile de Trente, sur lequel repose le systême des anti-divorciaires, ne peut être regardé comme une loi de rigueur, soit qu'on considère ce qu'il renferme, abstraction faite des droits de la souveraineté sur le mariage, soit qu'on l'examine d'après les limites des deux puissances.

D'après les faits que nous venons de rapporter, d'après les Conciles que nous avons cités, d'après le sentiment des Pères de l'Eglise que nous avons transcrit, il est prouvé que pendant une longue série d'années, l'Eglise ne prononça pas d'anathême contre ceux qui usoient du Divorce, & ne condamna que ceux des conjoints qui divorcioient sans motifs; la condamnation de l'abus est une approbation de la loi.

Il est également prouvé que peu de Conciles décidèrent qu'on ne pouvoit pas passer à de secondes noces, avant la mort de l'époux qu'on avoit répudié ou qui avoit répudié; que plusieurs déclarèrent formellement qu'on pouvoit avoir recours à ce remède; qu'on se le permit, & que l'Eglise ne le condamna pas.

Enfin, il est aussi prouvé que, lorsque les Papes s'arrogèrent le droit de prononcer, au nom du ciel, sur les mariages; lors même qu'ils mêlèrent la puissance temporelle à la spirituelle, & qu'ils employèrent en même temps les deux glaives contre les Souverains dans la vue de les faire obéir à leurs ordres despotiques, ils n'osèrent pas d'abord avancer que l'adultère ne rompoit pas le mariage; cette opinion ne fut amenée que par degrés, & elle ne fut ouvertement prêchée & soutenue, qu'après que les Papes se furent assurés de leurs forces, & qu'ils les eurent augmentées par la soumission des Prêtres au célibat, & par la perpétuité des vœux monastiques.

Pendant douze siècles toute l'Eglise ignora-t-elle un point de foi, une vérité absolument nécessaire au salut? & la connoissance de cette vérité étoit-elle spécialement réservée pour la seule Eglise Latine? En le supposant, on ne conclura pas, sans doute, que cette découverte miraculeuse fut accordée aux vertus des Prélats, qui eurent le gouvernement de l'Eglise d'Occident, soit dans les trois siècles qui précédèrent la convocation du Concile de Trente, soit pendant les dix-neuf années que dura ce Concile.

Tout le monde sait comment se passa cette grande assemblée: elle n'erra pas dans la foi; le Saint-Esprit étoit avec elle; & conformément aux paroles de Jésus-Christ, les portes de l'enfer ne prévalurent point sur tous les articles qui étoient de dogme.

Mais l'esprit des Evêques ultramontains y domina; & si les décrets de réformation ne retranchèrent pas les abus dont se plaignoient les autres Nations, & dont les Prélats d'Italie s'engraissoient; la discipline, de son côté, prit la forme qui convenoit le mieux aux vues des Papes & aux intérêts de leur cour.

Il exista des assemblées nombreuses de Plénipotentiaires Européens; le but de leur reunion fut, ou de donner une paix générale, ou de faire des ligues redoutables; fut-il jamais un de ces congrès où l'intrigue fut plus mise en usage, où la politique insidieuse régna avec plus de force que dans le Concile de Trente? Je m'en rapporte à ceux des Historiens, & les plus véridiques & les plus prévenus en sa faveur.

Les intérêts du Cardinal de Lorraine ne lui firent-ils pas abandonner, avec quelques Prélats François, une multitude de points de réforme & de discipline, déja décidés par les Conciles précédens, devenus de plus en plus nécessaires, & réclamés inutilement, mais avec force, par le surplus des Evêques François, par tous ceux d'Espagne & par quelques Allemands?

N'est-ce pas sur-tout relativement à la session 24, qu'on reproche à ce Cardinal d'avoir fait autant de mal à l'Eglise que les Guises en ont fait à l'Etat?

Si l'on considère, d'une autre part, que, quoique le divin Législateur eût marqué les bornes des deux puissances, & quoique les deux pouvoirs soient parfaitement distincts, aux yeux de tout Catholique; cependant le Concile, en plusieurs choses, les confondit, pour laisser, sans doute aux Papes, la possibilité d'assurer qu'ils jouissoient de l'une & de l'autre. Si l'on observe que, pour les décrets de pure discipline, les Pères du Concile, en ne se servant pas d'expressions différentes de celles qu'ils adoptèrent pour les articles de foi, semblèrent vouloir confondre la première avec le dogme pour assujétir au joug les puissances temporelles. Si l'on remarque qu'ils prononcèrent la peine d'anathême dans des cas qui ne pouvoient être de leur ressort, & que les exemples, qui leur ont servi d'autorités pour le croire possible, ne paroissent, aux yeux de toute personne sensée, que les preuves de ce que les Papes ont plus d'une fois oublié le précepte de l'Apôtre, *soyez soumis aux puissances.* Si, dis-je, on fait toutes ces réflexions, on conclura facilement que le décret, sur les expressions duquel porte le systême des anti-divorciaires, ne peut être regardé comme une loi obligatoire, soit qu'on considère ce qu'il contient, abstraction faite des droits de la souveraineté des Nations; soit qu'on l'examine, d'après les limites des deux puissances, clairement marquées dans l'Evangile.

ARTICLE PREMIER.

Le canon du Concile de Trente, qu'opposent les anti-divorciaires, ne peut être regardé comme obligatoire pour les Catholiques, en considérant ce qu'il contient, abstraction faite des droits de la souveraineté des Nations.

Je suppose ici que, conformément au système de nos adversaires, le contrat de mariage ne pût pas être distingué du sacrement, & que l'Eglise, en jugeant de ce dernier, fût nécessairement le juge du contrat, à raison de l'union intime qui subsiste entre l'un & l'autre; & je soutiens que, malgré cette supposition, le septième canon de la vingt-quatrième session, ne peut être regardé comme obligatoire pour les Catholiques qui ne veulent pas l'admettre.

Nous le transcrivons de nouveau : « si quelqu'un dit » que l'Eglise erre lorsqu'elle a enseigné & lorsqu'elle » enseigne, selon la doctrine évangélique & apostolique, » que le lien du mariage ne peut être dissous, à raison » de l'adultère de l'un des époux; & que l'un & l'autre, » même l'époux innocent qui n'a donné aucune cause » à l'adultère, ne peut, l'autre époux vivant, contracter » un autre mariage (1); enfin que celui qui ayant ren» voyé sa femme adultère, en a épousé une autre, &

(1) Les mots, *& que celui qui, ayant renvoyé sa femme adultère, en épouse une autre*, ne se trouvent pas dans quelques exemplaires du Concile de Trente; cette version feroit croire si elle étoit la bonne, que ce Concile, en suivant trop exactement les propres termes de l'Evangile, n'a pas conservé l'égalité

» que celle qui s'est mariée à un autre, après avoir répudié un adultère, tombe dans l'adultère, que cet » homme soit anathème ».

On conviendra de la vérité de ma proposition, si l'on réfléchit : 1° que l'indissolubilité du mariage n'a pu ni dû être traitée comme un article de foi, dans le sens des anti-divorciaires.

2°. Que le Concile de Trente n'a pas traité l'indissolubilité du mariage comme un point de foi.

3°. Que la décision du Concile de Trente, sur l'indissolubilité du mariage, ne regardant pas un article de foi, ne peut forcer l'obéissance des fidèles.

4°. Que cette indissolubilité, traitée dans ce Concile comme un point de discipline, n'est point irréformable.

5°. Que la décision d'un Concile, même général, sur un point de discipline, n'oblige que les fidèles des Eglises qui ont accepté le décret.

---

entre les sexes, & que M. de Rastignac a été forcé de corriger le texte pour la rétablir ; il paroîtroit étonnant que le même Auteur, qui ne veut pas qu'on lise dans saint Epiphane la particule *ou*, dans un passage où elle doit nécessairement se trouver (voyez nos observations, page 277) eût cru pouvoir ajouter libéralement cette disposition au canon, sur lequel il veut appuyer son systême : tel est le Texte, quoi qu'il en soit de cette version peu fidèle ; *si quis dixit Ecclesiam errare, cùm docuit, & docet, juxta Evangelicam & Apostolicam doctrinam, propter adulterium alterius conjugum, matrimonii vinculum non posse dissolvi : & utrumque vel etiam innocentem, qui causam adulterio non dedit, non posse, altero conjuge vivente, aliud matrimonium contrahere ; mœcharique eam, quæ dimisso adultero, alii nupserit, anathema sit.* Conc. Trid. sess. 24, can. 7, Lugduni 1676.

6°. Que le Concile de Trente n'ayant jamais été reçu, ni publié en France, ſes canons de diſcipline n'y ont pas force de loi.

7°. Qu'ils peuvent d'autant moins avoir force de loi en France, qu'il y a eu, conrre le contenu de ces canons, des réclamations, tant particulières que publiques.

8°. Enfin, qu'il ſeroit abſurde de vouloir que nous ſuivions le ſeptième canon, lorſque, ſans que nous ayons ceſſé d'être Catholiques, notre juriſprudence a rejeté les quatrième, ſixième & onzième canons de la même ſeſſion, bien plus clairement exprimés.

La preuve de ces huit propoſitions, devant faire celle de la propoſition principale, on voudra bien me permettre de les diviſer en autant de paragraphes.

§. Ier.

L'indiſſolubilité du mariage n'a pu ni dû être traitée comme un article de foi dans le ſens des anti-divorciaires.

Un article de foi, dans la Religion Catholique, eſt un point fondamental de cette Religion : une autorité toute divine l'établit ; la raiſon du fidèle s'anéantit ; elle eſt chez lui remplacée par une croyance vive & ſincère : une partie des points qui compoſent cette croyance, ſurpaſſe toute idée de poſſibilité humaine : l'autre peut s'accorder avec la raiſon : les premiers portent le nom de myſtères, & les ſeconds s'appellent dogmes.

Tels qu'ils ſoient, il faut les croire tous ; le Chrétien qui en rejette un ſeul, qui n'admet pas celui de ces points qui paroît à l'eſprit humain, le moins eſſentiel, n'eſt plus Catholique ; & quelque vive que ſoit ſa foi, quelque pures que ſoient ſes œuvres, c'eſt aux yeux de l'Égliſe, ſeul juge en cette matière, comme s'il les rejettoit tous.

Les Apôtres réunirent, dans le ſymbole qu'ils compoſèrent, ces vérités, auxquelles il faut croire pour être ſauvé ; les Saints-Pères du Concile de Nicée étendirent cette profeſſion de foi ; ni les uns ni les autres n'y comprirent l'article de l'indiſſolubilité abſolue du lien du mariage, même dans le cas d'adultère.

Cette indiſſolubilité, telle que nous venons de la dépeindre, n'étoit pas un myſtère ; ſi elle en eût été un, elle nous eût été révélée comme les autres nous l'ont été ; nos pères euſſent courbé la tête ſous le joug, & leurs ſentimens n'euſſent été, ni contraires à cette vérité, ni partagés, ni indécis.

Cette indiſſolubilité n'étoit pas de dogme : car les dogmes ſont invariables : ce qui ne fut pas de dogme pendant douze siècles n'a pu le devenir ; & les décisions des Conciles, tels qu'ils puissent être, ne peuvent augmenter le nombre de ces vérités nécessaires au salut.

Les Evêques, qui ont succédé aux Apôtres, peuvent dire, avec saint Jacques, *je juge :* ils peuvent écrire comme les Apôtres ; *il a semblé bon au Saint-Esprit & à nous ;* mais tant que la décision, qui est la suite de ce jugement, n'a point un article de foi pour objet, elle peut être révoquée & réformée : car elle n'a alors, pour but, que la discipline ; & le premier Concile, dont nous venons de rapporter les expressions, nous fournira la preuve, de ce que cette dernière n'est pas immuable, *actes des Apôtres, chap. XV, v.* 19 *&* 28.

Aussi les Pères du Concile de Nicée ont-ils eu grande attention de distinguer par des expressions diverses & de séparer par-là, des décisions qui avoient la foi pour objet, celles qui n'avoient que la discipline pour but; *nous avons voulu*, marque, suivant saint Athanase, que l'ordre de célébrer la Pâque le Dimanche, d'après le 14 de la Lune de Mars, n'étoit qu'un nouveau réglement de discipline : au lieu que la profession de foi, n'étant qu'un témoignage de la croyance que l'Eglise avoit toujours eue, & contenant & les mystères & les autres dogmes de la Religion, commence par ceux-ci, *voici quelle est la foi de l'Eglise.*

Si les Conciles postérieurs eussent tous suivi cet exemple, nous eussions été moins livrés aux discussions théologiques, qui ont opéré des schismes; mais parmi ces malheureuses scissions (1), nous n'en voyons aucune à raison de l'indissolubilité du lien conjugal.

Des Conciles généraux s'assemblent : les Evêques Grecs

(1) Avant le douzième siècle aucune des sectes, qui se séparèrent de l'Eglise catholique, ne lui a reproché de permettre ou tolérer le Divorce ; cette Eglise ne l'a non plus reproché à aucun Hérétique ; les Grecs & autres Orientaux ont prétendu

y siégent ; & comme nous l'avons vu dans le chapitre III de cette seconde partie, on ne leur propose point de proscrire l'usage du Divorce ; bien loin de-là, des Conciles tenus par les seuls Evêques Latins (1), nous prouvent que le Divorce étoit encore en usage dans l'Occident au douzième siècle, & qu'on y suivoit, à cet égard, ce que l'Evangile prescrit.

Le schisme, qui sépara l'Orient de l'Eglise Romaine, survient; les Grecs reprochent aux Latins le célibat des Prêtres & l'usage du pain azyme : deux points qui étoient certainement, alors comme maintenant, de pure discipline, n'eussent-ils pas également fait un reproche aux Occidentaux, de ce que, malgré l'ancien testament, malgré ce qui se trouve dans saint Matthieu, les Evêques Latins ne vouloient pas que le lien du mariage fût rompu en entier par le crime, qui, d'après les Pères des deux Eglises, fait que le mari n'est plus mari ?

Les Evêques Latins de leur côté, reprochèrent-ils aux Grecs, depuis ce schisme, qu'ils accordoient le Divorce & laissoient les parties séparées former de nouveaux nœuds ? Non : de part & d'autre on le laissoit pratiquer à ceux qui, malheureusement étoient forcés d'y avoir recours.

Prétendra-t-on que c'étoit une tolérance respective ? elle eût été bien extraordinaire dans un temps où des

---

que l'Eglise Latine erroit en forçant les Prêtres au célibat, en se servant du pain azyme, &c. ; elle n'a pas parlé du Divorce ; l'Eglise d'Occident a répondu à ces reproches, & n'a point fait un crime à celle d'Orient de ce qu'elle continuoit de permettre la répudiation ; les Protestans sont les seuls qui se soient plaints de cette nouvelle discipline, il a fallu juger; & le Concile n'a point déclaré qu'on erroit lorsqu'on divorcioit ; mais seulement lorsqu'on disoit que l'Eglise erroit, quand elle enseignoit qu'on ne devoit pas divorcier : le Concile a donc condamné le mode de parler dont se servoient les Protestans ; mais il n'a point condamné le Divorce que les Grecs & autres Orientaux mettent en pratique depuis les temps apostoliques.. ..

(1) Voir le troisième chapitre de cet Ouvrage.

articles, bien moins essentiels, étoient discutés avec emportement & reprochés avec autant d'amertume que peu de charité.

Au Concile de Florence seulement, en 1439, le Pape parle du Divorce à quelques-uns des Évêques orientaux, & leur dit qu'on se plaint de la séparation des mariages qui avoient lieu chez eux, & que « cela a » besoin de correction : *nous rompons les mariages ;* » *mais non pas sans de justes causes*, » répondent ces Évêques.

Et quelles étoient ces justes causes ? Celles, sans doute, marquées dans l'Evangile, adoptées par les Apôtres dans leurs épîtres, reçues par toute l'Eglise, & usitées par elle pendant douze siècles ; enfin conservées dans l'Eglise Grecque, depuis le douzième siècle jusqu'à présent.

Quelles étoient les séparations dont les Évêques, d'après les termes du Pape, crurent qu'on leur parloit ? de celles qui n'avoient pu s'introduire que par le relâchement : aussi, sans s'opposer à la correction proposée, ils soutiennent l'opinion, d'après laquelle ils croient que le mariage est rompu pour de justes causes ; & ils n'eussent pu entendre, sans scandale, qu'on leur eût proposé de convenir *que l'époux qui gardoit une adultère ne fût pas un fou & un impie ; que la fornication ne fût pas une cause de Divorce.*

Le mariage est indissoluble sans contredit ; mais il n'a jamais été de foi qu'il ne pût être rompu par l'adultère ; il faudroit pour adopter ce principe, admettre ces propositions blasphématoires, qu'un Concile peut changer l'Evangile & détruire la loi, sortie de la bouche divine du Sauveur, & que l'Eglise universelle a pu, pendant douze siècles, errer, ou ignorer un point de foi, sans cela tout le système des anti-divorciaires ne peut se soutenir ; & comme ces propositions sont absolument fausses, il en résulte que dans aucuns Conciles, on n'a pu ni dû traiter cet article comme un point de foi.

§. II.

Le Concile de Trente n'a pas traité l'indiſſolubilité du lien du mariage comme un point de foi.

Le Concile de Trente a bien ſenti qu'il ne pouvoit traiter cette matière comme un article de foi ; il ne l'a pas même traité comme un point de diſcipline conſtant.

Par le canon 6 de la ſeſſion 24 de ce Concile, il eſt dit: *ſi quelqu'un dit qu'un mariage fait, mais non conſommé, ne peut être diſſous par la profeſſion ſolemnelle de l'un des conjoints, qu'il ſoit anathême.*

Je renverrai au livre que j'ai cité, page 220, note 2, pour trouver des autorités contraires à ce canon; & je me contenterai de faire ce raiſonnement.

Il eſt de fait que cet article ne peut être que de diſcipline : les vœux de profeſſion religieuſe ſont une invention pieuſe très-poſtérieure à l'établiſſement de la religion ; ce n'eſt même, qu'au douzième ſiècle, qu'en diſtinguant deux eſpèces de vœux, on a admis les vœux ſolemnels, & qu'on a fait enſuite des lois toutes particulières pour ces derniers; juſqu'alors les vœux n'empêchoient pas que le mariage des Religieux ne valût. Si, avant le douzième ſiècle, le mariage poſtérieur aux vœux, arrachoit un Religieux profès à ſon cloître, ſi le mariage eſt indiſſoluble de ſa nature, pour quelque cauſe que ce ſoit, comment le Concile eût-il pu prétendre avoir droit de le diſſoudre par la profeſſion religieuſe, quoique l'Evangile n'ait rien ſtatué à cet égard, quoique, pendant douze ſiécles, l'Egliſe, qui ne peut errer ſur la foi, ait enſeigné le contraire ?

Et pourquoi? quoique l'Evangile porte textuellement qu'on ne peut renvoyer ſa femme, *ſi ce n'eſt pour cauſe d'adultère*, le Concile soutiendroit-il qu'on ne peut divorcier, pas même pour cette cause ? (*Canon 7 de la même session*).

Pourquoi admettroit - il comme de foi, une exception qui ne se trouve pas dans la loi divine ? & rejetteroit - il celle qui se trouve dans cette même loi, où il étoit question du Divorce réel, du Divorce dissolvant le mariage, d'un Divorce, tel qu'il laissoit les parties libres de recourir à de nouvelles noces ?

Quand je dis que le Divorce laissoit les parties divorciées libres de recourir à de nouvelles noces, & qu'on n'avoit pas alors l'idée de l'indissolubilité absolue, je n'avance qu'une proposition prouvée par des faits; sans cela, l'Eglise eût-elle canonisé sainte Radegonde, femme de Clotaire II, qui, jugeant son mariage rompu par le Divorce, refusa de revenir habiter avec son mari? si l'indissolubilité eût été de foi à cette époque, ne l'eût-on pas forcée de venir reprendre ses chaînes ? eût-on canonisé celle qui s'y étoit refusée ?

On ne peut répondre à cela que par des subterfuges, ou en convenant que le Concile n'a regardé ces articles que comme des points de discipline, dont l'exécution pouvoit conduire à une plus grande perfection.

Quoi ! suivant les anti-divorciaires, la volonté d'un seul époux, d'après le sixième Canon, romproit le mariage, & lorsqu'il est prouvé que la volonté de l'époux innocent, volonté autorisée, & par l'avis du sage & par la loi de Jésus-Christ, est de ne pas garder une épouse adultère; lorsqu'il est démontré que la volonté de l'épouse coupable est de ne plus faire une seule & même chair avec le premier; volonté, hélas! qui n'est que trop prouvée par le fait; lorsqu'il est décidé, & par le texte de l'Evangile & par ceux commentateurs les plus respectés que le lien, qui subsistoit entre deux époux, est rompu par le crime, on soutiendroit que le Concile a jugé, comme article de foi, que ces deux volontés

volontés réunies, n'ont pas la force de dissoudre leurs liens; tandis qu'une seule de ces volontés auroit ce pouvoir, sous le spécieux prétexte d'embrasser la vie religieuse.

Si l'Evangile n'eût adopté aucune de ces deux exceptions, il faudroit que celle adoptée par le Concile fût indiquée par la nature; car elle seule doit être notre guide, quand la révélation nous manque; mais, au contraire, *le mariage est indissoluble*, voilà la loi générale: elle ne contrarie pas la nature;

Excepté dans les cas d'adultère, fornication ou faute grave contre la chasteté conjugale; voilà l'exception que le législateur divin a posée lui-même; la révélation, cette grace d'en haut, absolument nécessaire pour changer la loi naturelle, est encore parfaitement d'accord avec la nature; & on veut nous persuader que le Concile a eu l'intention d'ajouter à la loi un article qui contredit l'une & l'autre;

Excepté dans le cas de la profession religieuse de l'une des deux parties, avant la consommation du mariage; telle est l'autre exception, dont il n'est nullement question dans le Livre-Saint; elle est totalement opposée aux principes naturels, & tellement opposée à ces principes, qui doivent nous diriger, qu'au lieu de rompre le mariage, les vœux étoient rompus par un mariage subséquent, d'après saint Bernard & saint Léon (1); c'est cette exception cependant, qui ne peut être regardée que comme de discipline que le Concile a admis en termes bien plus formels que ceux dont il s'est servi pour rejeter la première.

On ne commettroit pas envers les Pères qui siégèrent dans le Concile de Trente, une injustice aussi marquée que l'est celle que leur font les anti-divorciaires, si on vouloit examiner la manière dont s'exprime ce Concile.

(1) Ces autorités sont citées dans la note qui se trouve page 12.

S'agit-il du Sacrement de mariage, on y condamne l'opinion des Protestans, en ces termes : « Si quelqu'un » dit que le mariage n'est pas réellement, & à propre- » ment parler un des sept Sacremens de la loi évangélique, » institué par Jésus-Christ, mais qu'il a été inventé dans » l'Eglise, & qu'il ne confère pas la grace, que cet » homme soit anathème ».

S'agit-il des points de discipline? Alors les Pères, pour donner plus d'autorité aux opinions qu'ils ont préférées, prononcent dans les mêmes termes : ils n'ont pas suivi la méthode des Pères de Nicée, afin, sans doute, que le fidèle pratiquât plus exactement la discipline qu'ils décrétoient; mais parmi ces points de discipline, celui dont nous parlons n'est pas même exprimé de cette manière dogmatique, qui n'a cependant pas le pouvoir de faire un article de foi de ce qui n'en est pas un; c'est dans une forme embarrassée & hésitante qu'est conçu le Canon 7 en ces termes, que nous avons déja rapporté page 8.

« Si quelqu'un dit que l'Eglise se trompe, lorsqu'elle » a enseigné & qu'elle enseigne, selon la doctrine évan- » gélique & apostolique, qu'à cause de l'adultère de » l'un des époux, le lien du mariage ne peut être dissous, » & que l'un & l'autre, même l'époux non coupable, » qui n'a point donné cause à l'adultère, ne peut, » l'autre époux vivant, contracter un autre mariage; & » que celle qui, ayant renvoyé le mari adultère, en » épouse un autre, est adultère, que cet homme soit » anathème ».

Ce n'est donc point ici le fait que l'Eglise condamne, d'après le Concile de Trente; c'est seulement l'erreur dans laquelle tomberoient ceux qui soutiendroient que l'Eglise latine erre, quand elle enseigne une discipline plus épurée, une discipline qu'on ne retrouvera jamais dans les préceptes de l'Evangile; mais qu'on regarde comme une suite de ces conseils évangéliques qui peuvent conduire à une plus grande pureté, & dont l'exécution n'est cependant pas nécessaire au salut: sans cela, les conseils eussent été des ordres.

Il suffit de rechercher les motifs, d'après lesquels le Concile de Trente n'a pas adopté une forme de décret plus simple & conforme à celle dont il s'est servi pour les Canons qui précèdent & qui suivent, pour s'assurer du degré d'obéissance que ce Concile a lui-même exigé en ce point :

« Ceux qui avoient composé les Canons s'étoient » abstenus d'user du mot d'*anathême* dans le Canon qui » traite du *Divorce* pour cause d'adultère, pour ne pas » condamner l'opinion qu'avoient tenue *saint Ambroise & » plusieurs Pères de l'Eglise Grecque.* Néanmoins, ceux » qui croyoient que c'étoit là un article de foi, firent » réformer le Canon, en prononçant *anathême contre qui- » conque diroit, que le lien du mariage est rompu par l'adul- » tère, & que l'un des conjoints peut contracter un autre » mariage pendant que l'autre partie est vivante* : ce » Canon reçut encore un autre changement. Car les » Ambassadeurs de Venise remontrèrent que les Grecs, » qui habitoient les Isles & les Royaumes de leur Répu- » blique ayant observé de toute ancienneté; *l'usage de » répudier la femme adultère, & d'en épouser une autre, » ce qui n'avoit jamais été condamné ni repris par aucun » Concile, il n'étoit pas raisonnable de les condamner sans » les entendre, & présentèrent leur requête, à ce qu'il » plût aux Pères d'accommoder le Canon en telle sorte qu'il » ne leur fit aucun préjudice* : les Légats, ayant reçu cette » requête, la firent proposer; & les Pères, tant par cette » considération que par les sollicitations de ceux qui, » pour le respect qu'ils portoient à l'opinion de saint » Ambroise, *ne vouloient pas qu'on opposât l'anathême » à ce Canon*, trouvèrent un tempérament, qui fut *non » pas de condamner ceux qui disent que le lien du mariage » est rompu par l'adultère, & qu'on en peut contracter un » autre, suivant l'opinion de saint Ambroise & des autres*

» *Pères Grecs, & selon l'usage des Orientaux; mais d'a-*
» *nathématiser ceux qui disent, que l'Eglise est dans*
» *l'erreur quand elle enseigne que le lien du mariage ne*
» *peut être dissous pour le péché d'adultère de l'une des*
» *parties* ». Notes sur le Concile de Trente, page 358.

Le Concile de Trente n'a donc pas voulu faire un point de foi de ce qui n'en étoit pas un: il n'a pas même voulu soumettre, à cet article de discipline, les Grecs & les Orientaux qui usent du Divorce; il n'a pas voulu les soumettre à un joug nouveau qui auroit separé les uns & éloigné les autres de cette Eglise, hors de laquelle il n'y a point de salut; & de ce qu'il est certain que les Evêques qui formèrent ce Concile n'eussent pas eu les ménagemens, dont nous venons de tracer le tableau, pour un point de foi, il paroîtra incontestable aux yeux de tout Catholique, que le Concile de Trente n'a pas entendu le Canon que nous opposent nos adversaires, dans le sens où les anti-divorciaires nous le présentent.

---

§. III.

La décision du Concile de Trente, sur l'indissolubilité du mariage, ne regardant pas un article de foi, ne peut forcer l'obéissance des fidèles.

L'indissolubilité absolue du mariage n'étant pas de foi, & étant même diamétralement opposée à l'exception portée dans saint Matthieu, le Concile de Trente n'ayant, ni pu ni dû traiter cet article, comme un point de foi; & ce Concile n'ayant, ni traité ni eu l'intention de traiter de cette indissolubilité, comme un point de foi, nous allons examiner ici si un point de discipline peut forcer l'obéissance des fidèles.

La foi est une, & de quelque nombre d'articles qu'elle soit composée, chaque Eglise doit les adopter, sans en omettre un : chaque fidèle doit également croire à tous; la discipline, au contraire, est générale ou particulière : dans tous les cas, elle n'oblige que les Eglises qui ont admis les lois qui la règlent.

La première discipline de l'Eglise ordonnoit, d'après le troisième Concile, tenu par les Apôtres : 1°. de s'abstenir d'user des viandes immolées aux Idoles, afin, comme le remarque M. Hermant (Histoire des Conciles, tom. I, page 12) de n'être point un sujet de scandale aux Juifs qui s'imaginoient que participer à ces mets, d'eux-mêmes indifférens, étoit une marque qu'on vouloit retourner à l'idolâtrie; 2°. de ne point manger le sang des animaux, ou les viandes étouffées : nourritures pour lesquelles les Juifs avoient une aversion insurmontable ; & cette discipline fut générale jusqu'au changement que le cours des années amena.

D'après le Concile de Nicée, il étoit de discipline de célébrer la Pâque le Dimanche d'après le quatorzième de la lune de Mars; ce Concile avoit adopté l'usage des Occidentaux, qui avoient toujours célébré cette fête le Dimanche, tandis que les Orientaux la célébroient le 14 de la même Lune, quelque jour qu'il arrivât.

Saint Polycarpe, disciple de saint Jean, établi Evêque de Smyrne par ce Saint, & attaché à la seconde coutume adoptée par les Grecs, prétendoit suivre la tradition de cet Apôtre évangéliste. Il vint même à Rome, l'an 158 de notre ère, conférer de ce point de discipline avec le Pape saint Anicet; il ne put lui persuader de quitter l'usage qu'il avoit trouvé établi dans l'Eglise Romaine; malgré la diversité de leurs sentimens sur la célébration de la Pâque, ces deux Saints ne cessèrent pas de communiquer ensemble; & saint Anicet céda même à saint Polycarpe, l'honneur de célébrer à sa place les saint Mystères, le jour de cette fête.

Après le Concile de Nicée, les Bretons, & plus particulièrement encore les Irlandois, continuèrent de célébrer la Pâque, conformément à l'opinion de saint Polycarpe. Saint Colomban, le premier fondateur de l'ordre régulier dans l'Occident, puisqu'il précéda saint Benoît, vint en France, il fit construire plusieurs maisons religieuses, leur donna une règle, passa en Italie, y fonda la fameuse Abbaye de Bobbio; pendant long-temps on suivit, dans tous les Monastères de son institut pour célébrer la Pâque, l'ancien usage des Grecs; & quoique cette question eût été décidée au Concile de Nicée, ni les Evêques de France, ni ceux d'Italie, ne condamnèrent pas saint Colomban, parce qu'ils savoient que la discipline n'oblige que les Eglises qui l'ont reçue; & que, pour un point de discipline, qui n'est pas irréformable, on ne doit pas rompre les liens de la charité; le principe de cette vertu est de tolérer les usages, les coutumes, les rits & les libertés qui n'attaquent pas la foi ; eussent-ils même pour base, une erreur de fait qui justifie la bonne intention (1).

---

(1) On eût été trop heureux si cette charité eût fait tolérer ce qu'on regardoit comme une erreur, les fastes de l'Eglise ne seroient pas souillés par les condamnations de prétendus Hérétiques dont la philosophie & la physique ont absous la mémoire.

Vigil, Archevêque de Satzbourg, imagina qu'il existoit des Antipodes, le Pape Zacharie ordonna de le déposer pour avoir eu un rêve trop philosophique pour son siècle ; « quant à sa » perverse doctrine (dit ce Pape, en 748, dans sa lettre à » saint Boniface) s'il est prouvé qu'il soutienne qu'il y a un » autre monde & d'autres hommes sous la terre, un autre soleil » & une autre lune, chassez-le de l'Eglise dans un Concile, » après l'avoir dépouillé du sacerdoce » : l'Amérique fut découverte ; qui s'étoit trompé, ou de Vigil ou des Prélats, qui l'accusoient sous le prétexte que la terre ne tournoit pas, puisque c'étoit le soleil dont Josué avoit arrêté la course ; qu'il étoit contre les règles de la divine Providence, que des hommes vécussent la tête en bas, &c.

D'après de semblables raisons, l'inquisition de Rome avoit jugé, en 1611, que l'opinion de Copernic étoit tout-à-fait contraire à l'Ecriture ; & Galilée fut poursuivi la même année, pour avoir soutenu l'opinion de Copernic ; le systême du Philosophe eut plus d'empire sur lui que le délire des Théologiens, il le professa de nouveau, & vingt-un an après, âgé de soixante-seize ans, il fut obligé de déclarer aux Inquisiteurs, qu'il abjuroit, maudissoit, détestoit les absurdités, erreurs & hérésies qu'il avoit enseignées, & que sept Cardinaux avoient condamnées en ces termes : *dire que le soleil est au centre & absolument immobile & sans mouvement local, est une proposition absurde & fausse en philosophie, en tant qu'elle est absolument contraire à la Sainte-Ecriture. Dire que la terre n'est pas placée au centre du monde, ni immobile ; mais qu'elle se meut d'un mouvement, même journalier, est aussi une proposition absurde & fausse en bonne philosophie, & considérée théologiquement ; elle est au moins erronée dans la foi.* Si, en 1791, l'inquisition me censure, pour avoir démontré ce qui existe dans l'Evangile, je m'en consolerai en pensant qu'en 1611, 1632, &c. &c., elle trouva, dans les Livres-Saints, tout ce qui n'y étoit pas.

Il a été d'une discipline constante que ceux qui passoient à de secondes noces fussent soumis à une pénitence publique ; & on a vu, pages 173, 201 & 240, que cette discipline n'avoit d'autre but que d'écarter les seconds mariages de ceux qui vouloient seulement satisfaire leurs passions ; mais qu'on n'avoit nullement entendu condamner les secondes noces, ni même les subséquentes : l'Eglise a varié sur ce point, non-seulement on ne condamne plus à cette pénitence ceux qui ont recours à de secondes, de troisièmes, de quatrièmes noces, ni même à des noces ultérieures ; mais Innocent IV a blâmé les Grecs, comme nous l'avons remarqué, de s'être conservés dans cet usage que l'Eglise avoit changé, on les a blâmés, & on les blâme d'avoir donné, pour motif de leur schisme, des points qui n'étoient que de discipline, lorsqu'ils reprochoient aux Latins de se servir de pain azyme, de jeûner le Samedi, de manger du sang, &c.

Le célibat des Prêtres est une discipline particulière aux Latins ; on se rappelle que le Concile de Nicée ne voulut pas le prescrire ; & que cette obligation, imposée aux Ecclésiastiques occidentaux, prit son origine en Italie, par l'établissement des maisons canoniales. A-t-on jamais cru que ce point, établi maintenant dans l'Eglise Romaine, dût forcer les Papes Grecs à se soumettre au célibat ? Non, sans doute, parce qu'ils n'ont pas jugé à-propos d'admettre cette nouvelle institution. Pourroit-on croire également que l'usage que l'Eglise Grecque a établi de ne choisir ses Evêques que parmi les Moines, & l'usage des Latins, relatif au célibat des Evêques, pussent forcer à s'y conformer quelques Eglises qui, suivant ce que marque saint Paul & ce que pratiqua toute l'Eglise, pendant les premiers siècles, continueroient de choisir pour Evêques des personnes mariées ? Non, sans doute, dirai-je encore ; car pour soutenir cette proposition, il faudroit anéantir tout ce que l'histoire & la tradition ont de plus constant, ou convenir que, pendant plusieurs siècles, on a généralement erré sur ce point.

Ne trouve-t-on pas, dans ce que nous venons de dire, assez de preuves de ce que la discipline ne força jamais l'obéissance des fidèles? Qu'on recoure à l'histoire ecclésiastique, qu'on étudie les Conciles, on en verra beaucoup d'autres; mais nous croyons celles-ci suffisantes.

S'il est de fait que le Divorce est condamné par J. C., excepté dans le cas d'adultère; que toute l'Eglise ait admis la loi & l'exception; que, depuis quelques siècles seulement, une portion de l'Eglise ait pratiqué & enseigné la loi, & ait voulu rejeter l'exception; on conviendra que ceux qui regardent cet article comme de foi, errent eux-mêmes dans la foi. En adoptant le sentiment du Concile de Trente, comme un point de discipline, on pensera, comme les Pères de ce Concile, que l'Eglise latine n'erre pas, en conseillant à l'époux malheureux de ne pas se remarier après le Divorce, de ne pas regarder son mariage comme rompu même par l'adultère, puisqu'il est le maître de pardonner l'injure; enfin, de ne pas s'ôter, par de nouvelles noces, la possibilité de recueillir une femme repentante; mais on pensera aussi, comme ces Pères, que, si l'Eglise n'erre pas en conseillant cette pratique pieuse, elle n'a jamais eu l'intention d'obliger les Grecs, & tous ceux qui veuillent profiter de l'exception, d'adopter & de suivre une discipline totalement opposée à la lettre de l'Evangile. Si le concile eût voulu porter cette loi, il eût décidé, il eût condamné hautement le sentiment de saint Ambroise & des Saints-Pères de l'Eglise Grecque; il ne s'agissoit que d'un point de discipline: il n'a pas voulu rompre les liens de la communion pour cela; il a laissé à chacune des Eglises, leurs usages & leurs droits; & par les expressions dont les Pères de ce Concile se sont servis, nous sommes convaincus qu'un point de discipline n'oblige que les Eglises qui l'ont reçu, & qu'ils n'ont pas voulu contraindre les Eglises qui n'ont pas reçu ce canon de l'adopter, pourquoi donc les anti-divorciaires veulent-ils nous forcer de ſuivre cet article de diſcipline, & de le regarder comme un article de foi ?

---

§. I V.

L'indiſſolubilité du mariage, traitée comme point de diſcipline dans le Concile de Trente, n'eſt point irréformable.

Tout point de diſcipline eſt réglé dans l'Egliſe pour le plus grand avantage des fidèles; & dès que les circonſtances ſont changées, la diſcipline varie.

Nous en avons donné des preuves dans le § précédent; les Apôtres, dans un Concile tenu à Jéruſalem, déclarent néceſſaire de s'abſtenir des viandes ſacrifiées aux idoles, du ſang des animaux, des chairs étouffées & de la fornication.

Il eſt de foi, ſans doute, qu'il eſt néceſſaire d'éviter la fornication; mais on vient de voir quels étoient les motifs des autres défenſes qui n'avoient que la diſcipline pour objet; celles-ci ne durèrent pas, car ſaint Paul dit enſuite : *je ſais & je ſuis perſuadé, ſelon la doctrine du Seigneur Jéſus, que rien n'eſt impur de ſoi-même, & qu'une choſe n'eſt impure qu'à l'égard de celui qui la croit impure.* (Epître aux Romains, chap. XIV, verſ. 14). *Les viandes ſont pour le ventre & le ventre pour les viandes, & un jour Dieu détruira l'un & l'autre.* (Epître aux Corinthiens, chap. VI, verſ. 12).

D'après la déſuétude dans laquelle eſt tombée cette loi de diſcipline, preſqu'auſſi-tôt qu'elle a été portée, &

d'après le témoignage de ſaint Paul, qui nous démontre que cela ne regardoit pas la foi; quoique cette loi n'ait été révoquée par aucun Concile, croira-t-on que les Chrétiens qui, en France, font uſage ou du ſang des volailles, des porcs & autres animaux, ou de la chair des pigeons, des canards & autres volailles ou quadupèdes étouffés, doivent être regardés maintenant comme Hérétiques, parce qu'ils ne ſuivent pas deux points de diſcipline décrétés par les Apôtres?

St. Paul demande que l'Evêque ait été marié une fois: pluſieurs Conciles ont ordonné que le Prêtre n'ait épouſé qu'une femme; & cela eſt tellement de pure diſcipline, que le Saint-Père qui ne peut diſpenſer de croire à un article de foi & qui ne peut rien permettre de contraire au dogme, diſpenſe ſouvent des bigames, & permet de leur conférer l'ordre de prêtriſe & l'épiſcopat.

Ceux qui paſſoient à de ſecondes noces étoient condamnés à la pénitence, à plus forte raiſon l'étoient-ils pour les troiſièmes & les quatrièmes: on refuſoit même juſqu'à ce nom aux cinquièmes & aux ſubſéquentes: cet uſage s'eſt conſervé dans l'Egliſe Grecque; mais, depuis long-temps, ce point de diſcipline eſt tombé en déſuétude dans l'Egliſe Latine; & le Pape Innocent IV décida, dans le treizième ſiècle, que les Grecs ne devoient pas condamner, d'après l'ancienne diſcipline, les troiſièmes & les quatrièmes noces.

Ceux qui ſe remarioient, après un Divorce conſommé, pouvoient, dans le temps de la primitive Egliſe, eſſuyer quelques reproches de la part des rigoriſtes qui condamnoient, même les veufs, à la pénitence dont nous venons de parler; mais, ſi la pénitence à laquelle ces derniers étoient ſoumis, ſi celle qui pouvoit être exigée des divorciés dans le même cas, pénitence dont Fabiola nous a laiſſé l'exemple; ſi, dis-je, ces pénitences étoient de discipline, il est de fait qu'on a toujours accordé aux veufs le sacrement de mariage; il est de fait que, pendant douze siècles, les deux Eglises ont accordé ce sacrement aux personnes divorciées pour de justes causes, telles que l'adultère, &c.; il est de fait qu'on ne peut citer un exemple du refus qui leur en auroit été fait, suivant nos adversaires, tandis qu'on peut en donner de l'existence du fait contraire; il est de fait que les refus que les Papes ont fait, avant le *treizième* siècle, de reconnoître tel ou tel Divorce, n'ont point été appuyés sur l'erreur des anti-divorciaires qui soutiennent l'indissolubilité du mariage, même en cas d'adultère, mais sur ce que la demande en Divorce étoit motivée pour toute autre cause; il est de fait enfin que, depuis cette époque, jamais aucun Concile n'a, comme nous venons de le voir, dit qu'il étoit contre la foi de suivre à cet égard l'Evangile.

Si le Concile de Trente a décidé que l'Eglise n'erroit pas, quand elle enseigne que des époux divorciés, même pour cause d'adultère, ne peuvent se remarier avant la mort de l'un des conjoints, il n'a donc prétendu que soutenir sa discipline, fondée comme celle du célibat des Prêtres sur le desir d'une plus grande pureté. Si quelques-uns des Pères ont entendu qu'il est de foi que l'adultère n'empêche pas que le mariage n'ait été valide, cela est hors de doute: mais il l'est aussi que ce lien indissoluble pour toute autre cause, est tellement rompu par l'adultère, d'après les autorités que nous avons rapportées dans les trois Chapitres précédens, qu'on n'a jamais pu ni dû regarder la défense aux divorciés de se remarier que comme un conseil de discipline; ce Concile ne l'a pas entendu autrement, puisqu'il n'a pas prononcé la peine d'anathême contre ceux qui, conformément à l'opinion de saint Ambroise & de toute l'Eglise grecque, soutiennent que le mariage est rompu par l'adultère, & que les parties sont libres de former des nœuds plus heureux, s'ils ne se sentent pas la force de vivre dans la continence ou de pardonner cette injure.

Puiſque l'Egliſe n'a pas condamné ce ſentiment, je voudrois que les anti-divorciaires puſſent nous prouver que la diſcipline n'a pas varié ; il n'eſt aucun point de la diſcipline antique, à l'occaſion duquel ils puiſſent faire cette preuve, tout nous atteſte le contraire. Les Prêtres étoient mariés dans les deux Egliſes ; celle d'Orient a conſervé cet uſage ; celle d'Occident l'a quitté. On ſe ſervoit indifféremment des deux eſpèces de pain pour le ſaint ſacrifice, les Grecs ont accordé la préférence au pain levé, & ils ont eu tort de faire un reproche aux Latins de ce qu'ils avoient adopté le pain azyme. La Pâque, dans une Egliſe, ſe célébroit le Dimanche qui ſuivoit le 14 de la lune d'Avril ; dans d'autres, le 14 de ce mois lunaire, quelque jour de la ſemaine qu'il arrivât, étoit celui de cette fête ; le Concile de Nicée préféra le premier uſage, & les Irlandois, malgré ſa déciſion, ſuivirent l'autre pendant des ſiècles. On ſoumit à la pénitence les deuxièmes, troiſièmes & quatrièmes noces, on les en diſpenſa, & les Catholiques Romains accordent la bénédiction même aux noces ſubſéquentes. On défendit l'uſage du ſang des animaux & des viandes étouffées, nulle loi n'empêche d'en uſer maintenant. On ordonna de s'abſtenir des viandes offertes aux idoles, des pauvres s'en nourriroient aujourd'hui, ſans qu'on leur en fît un ſcrupule. Juſqu'au douzième ſiècle le mariage, dont le caractère eſt d'être indiſſoluble, arrachoit les Moines, qui préféroient cet état naturel, à la ſervitude à laquelle les attachoient des vœux indiſcrets ; depuis, on déclara nuls les mariages poſtérieurs à ces mêmes vœux. Pendant les douze premiers ſiècles, ſans entendre détruire la loi de l'indiſſolubilité du mariage, on a permis de recourir au Divorce dans le cas d'adultère, &c., conformément à la déciſion de Jéſus-Chriſt, rapportée par ſaint Matthieu, en deux chapitres différens; & on a permis pendant ce laps de temps les noces ſubſéquentes qui ſont la ſuite naturelle du Divorce : l'Egliſe Grecque a conſervé l'un & l'autre uſage; jamais on n'exigea des Orientaux réunis à l'Egliſe Romaine de les abandonner; & nos adverſaires oſent prétendre que l'Egliſe Latine ne veut admettre ni le Divorce, ni le mariage ſubſéquent, tandis que le Concile de Trente n'a pas jugé à propos de les condamner clairement. Peut-on voir une ſérie de faits qui marque davantage combien la diſcipline eſt changeante, & combien peu on doit croire irréformable celle que nos adverſaires appuient fauſſement ſur la foi ?

---

§. V.

La décision d'un Concile, même œcuménique, sur un point de discipline, n'oblige que les fidèles des Eglises qui l'ont adoptée.

Lorsque les Apôtres s'assemblèrent dans le premier siècle, & décidèrent des points de discipline, cette discipline obligea tous les Chrétiens; mais alors qu'étoit la discipline? La marque extérieure d'une foi que tout Chrétien devoit avouer devant les Idolâtres, & que les fidèles devoient sceller de leur sang.

Aussi quels furent les points de discipline que les Apôtres établirent? Ils ordonnèrent de s'abstenir de ce qui avoit été présenté aux idoles, parce que c'étoit participer extérieurement aux sacrifices des Gentils, de ne point manger le sang ni la chair des animaux suffoqués, parce que ces pratiques extérieures eussent pu scandaliser les Juifs, auxquels cet usage répugnoit.

Et c'est à ce sujet que saint Paul dit (Epître aux Romains, chapitre XIV, vers. 22 & 25), *avez-vous une foi (éclairée), contentez-vous de l'avoir aux yeux de Dieu; heureux celui que sa conscience ne condamne point dans ce qu'il veut faire: mais celui qui doute (s'il peut manger d'une viande) & qui en mange est condamné, parce qu'il n'agit pas selon la foi: or tout ce qui ne se fait pas selon la foi est péché.*

C'étoit agir selon sa foi, en Grece, de célébrer la fête de Pâque, selon l'usage que saint Polycarpe attestoit avoir reçu par une tradition apostolique de saint Jean l'Evangéliste; c'étoit agir, selon sa foi à Rome, de célébrer cette fête le Dimanche suivant. Le Concile de Nicée décida la question en faveur des Latins: nous voyons cependant l'Irlande refuser ce décret, & conserver l'ancien usage des Grecs : saint Colomban fit repasser cet usage en France & en Italie, dans les Monastères qu'il fonda; & comme ses Disciples agissoient, suivant leur foi, qu'ils étoient convaincus qu'ils pouvoient garder cet usage, que le Concile de Nicée, par ses propres expressions, avoit déclaré qu'il n'étoit question que d'un point de discipline, l'Eglise usa tellement de condescendance envers ceux de ses enfans qui ne vouloient pas admettre ce canon, que, bien loin de les anathématiser, elle laissa aux Moines de saint Colomban la liberté de suivre cet usage dans les Diocèses où ils s'établirent, & dans lesquels l'usage contraire étoit en vigueur; or, ces Moines étant la plupart François & Italiens nés dans des Diocèses qui avoient un usage contraire, on fit plus, en tolérant qu'ils adoptassent cet usage étranger pour eux, cet usage réprouvé par l'autorité de l'Eglise, on crut qu'il leur étoit permis de s'écarter de la loi générale, & que la foi étant gardée avec soin par ceux qui menoient un genre de vie pénible & édifiant, on ne devoit pas les tracasser pour un simple point de discipline.

Une louable intention sans contredit, la crainte de donner lieu à une erreur sur la *procession* du Saint-Esprit, engagea une partie des Occidentaux à joindre au symbole, le mot *filioque;* en 809, après une conférence, tenue à Rome, les François, qui avoient précédemment admis cette addition, continuèrent de la joindre à leur profession de foi, l'Eglise d'Espagne l'adopta, tandis qu'à Rome, on vouloit conserver le symbole tel qu'on l'avoit reçu des Pères de Nicée, & que le Pape Léon le fit graver sur deux boucliers d'argent, tant en grec qu'en latin sans cette addition : enfin, Rome suivit l'usage de l'Eglise gallicanne; & au Concile de Ferrare, en 1438, on tâcha de prouver aux Grecs, que ces mots ajoutés n'étoient ni addition ni changement, mais une simple explication

explication : on n'a donc pas entendu forcer les Orientaux à admettre cette addition ou explication ; & ce point, qui regardoit la confession de foi, étoit, sans doute, plus essentiel qu'un article de discipline.

L'Eglise des Maronites prétend n'avoir jamais erré & n'avoir jamais été séparée de l'Eglise Romaine ; d'autres prétendent que les Maronites, étant tombés au moins en partie dans l'hérésie des Eutichéens, ils en firent abjuration en 1182 ; de ces deux opinions, quelle que soit la véritable, ils sont, depuis ce temps, très-Catholiques & très-attachés au saint Siége : plusieurs autres Eglises Orientales se sont, à diverses époques, également réunies à l'Eglise Romaine ; jamais cette Eglise-mère n'a entendu les forcer de n'ordonner que des Prêtres célibataires, de préférer le pain azyme, de ne faire communier les fidèles que sous une seule espèce, &c., &c., parce que tous ces points sont de discipline, & que les canons, qui les déterminent, n'obligent que ceux des fidèles qui les ont admis : de même jamais l'Eglise Catholique n'a exigé de ces communions qu'elles condamnassent les Pères Grecs, qui admettent le Divorce, & qui permettent le mariage après le Divorce, parce que, ce point est de pure discipline.

La discipline, qui permet le Divorce, est contraire à celle adoptée, par les Latins, depuis quelques siècles ; mais elle existe parmi tous les fidèles des Eglises d'Orient, unies de communion avec le Saint-Siége & très-attachées à l'Eglise Catholique ; & jamais, cependant, pour preuve de leur réunion, on n'a exigé qu'ils renonçassent à l'usage de ce remède malheureusement nécessaire dans certains cas ; nos Missionnaires disent bien à ces Chrétiens, comme le Pape le dit à leurs Evêques lors du Concile de Florence, *on se plaint de la séparation des mariages qui ont lieu chez vous, & cela a besoin de correction* ; mais si ces Fidèles répondent, ainsi que les Evèques Orientaux le firent alors ; *nous rompons les mariages, mais non pas ſans de juſtes cauſes*, on ne leur dit pas que ſaint Ambroiſe & pluſieurs Pères de l'Egliſe d'Occident, que ſaint Bazile, ſaint Jean-Chryſoſtôme, ſaint Aſtère, & tous les autres Pères de l'Egliſe d'Orient, errèrent en expliquant l'Evangile comme les Pères du Concile de Nicée l'ont entendue.

Ces Chrétiens, à un tel blaſphême, ſe boucheroient les oreilles, & diroient qu'il n'y ait jamais de communion entre nous & ceux qui, en manquant de charité, veulent aggraver le joug de la foi par des points de diſcipline indifférens en eux-mêmes ! entre nous & ceux qui, en impoſant des lois plus ſévères que celles de Jéſus-Chriſt, veulent écarter, du ſein d'une religion bienfaiſante, ceux qui profeſſent la foi dans toute ſa pureté ! entre nous, & ceux qui, pour augmenter leur autorité perſonnelle, veulent établir un empire deſpotique ſur la diſcipline même des Egliſes.

§. V I.

Le Concile de Trente n'ayant jamais été reçu ni publié en France ; ses canons de discipline n'ont pas force de loi dans ce Royaume.

On ne seroit pas Catholique si on n'étoit attaché immuablement à tous les articles de foi, immuablement à chaque article de foi ; mais, comme nous venons de le dire, la discipline n'est point immuable, elle n'est point irréformable, & même pendant le temps qu'elle subsiste, elle n'oblige que les Fidèles des Eglises qui l'ont adoptée.

Jamais la France n'a admis la discipline du Concile de Trente, jamais ses décrets, & même ses canons, n'ont été reçus ni publiés dans le Royaume ; ils ne peuvent donc y avoir force de loi.

« Quant aux Conciles œcuméniques, il faut distinguer » les matières de discipline & les matières de foi ; pour » la foi, quiconque ne s'y soumet pas, est hérétique ; » pour la discipline, les règlemens des Conciles ne sont » pas également reçus : on a laissé, de tout temps, à cha- » que Eglise, une grande liberté de garder ses anciens » usages ; ainsi, il ne faut pas s'étonner, si, ayant reconnu » le Concile de Trente pour légitime & œcuménique, » nous n'avons pas encore accepté ses décrets de dis- » cipline, quoiqu'à dire vrai, il n'ait pas tenu au Clergé » de France : il en a témoigné le desir par plusieurs actes » solemnels ».

Telles sont les expressions dont se sert M. Fleury, dans ses Institutions Ecclésiastiques, partie III, chapitre 25, elles confirment ce que nous avons avancé, que la discipline n'est obligatoire que pour ceux qui l'ont reçue.

Ajoutons à ce principe un fait certain ; c'eſt que la diſcipline extérieure de l'Egliſe a toujours eu beſoin du ſecours de l'autorité temporelle pour faire loi : ſi, comme l'a dit Jéſus-Chriſt, *ſon royaume n'eſt pas de ce monde* (1), toutes les puiſſances chrétiennes ſe ſont empreſſées d'adopter ſes lois. Le Chriſt, modèle de douceur & d'obéiſſance, ne dit pas à ſes Apôtres, vous ferez des lois & vous emploierez la force pour les faire exécuter ; il leur dit, au contraire, *rendez donc à Céſar ce qui eſt à Céſar, & à Dieu ce qui eſt à Dieu* (2) : *vous ſavez que ceux qu'on regarde comme les maîtres des peuples dominent ſur eux, & que leurs princes les traitent avec empire ; il n'en doit pas être de même parmi* vous (3) ; *remettez votre épée dans le fourreau* (4) ; & c'eſt d'après ces paroles que l'Apôtre dit aux Romains, *toute perſonne vivante doit donc être ſoumiſe aux puiſſances ſouveraines ; car il n'y a point de puiſſance qui ne vienne de Dieu, & celles qui exiſtent ſont ordonnées de Dieu ; ainſi, qui réſiſte à la puiſſance, réſiſte à l'ordre de Dieu : & ceux qui réſiſtent ſont eux-mêmes les ouvriers de leur condamnation* (5) ; peut-on une reconnoiſſance plus authentique des deux pouvoirs ? car *s'il vaut mieux obéir à Dieu qu'aux hommes* (6), dans les choſes ſpirituelles, il eſt certain que dans les choſes temporelles, parmi leſquelles la diſcipline extérieure doit être rangée, *qui réſiſte à la puiſſance, réſiſte à l'ordre de Dieu* ; & dans le temps de la primitive Egliſe, cette diſtinction étoit tellement reconnue que,

---

(1) Saint Jean, chapitre 18, v. 3.

(2) Saint Matthieu, chapitre 22, v. 21.

(3) Saint Marc, chapitre 10, v. 42 & 43.

(4) Saint Jean, chapitre 18, v. 11.

(5) Saint Paul, Epître aux Romains, chapitre 13, v. 1 & 2.

(6) Actes des Apôtres, chap. 5, v. 29.

comme nous l'avons remarqué (année 101), d'après le témoignage de Pline le jeune, les Chrétiens avoient renoncé aux Agapes, par respect pour la puissance temporelle qui leur avoit défendu les assemblées.

Si les points de discipline extérieure, tels que ceux qui fixent la manière dont les Prêtres doivent être vêtus, dont ils doivent se conduire dans la société, dont ils doivent être salariés, &c., d'après les décisions évangéliques & apostoliques que nous venons de rapporter, ont eu besoin du concours de la puissance séculière pour être suivis à l'extérieur; combien à plus forte raison les points de discipline relatifs à l'acte qui intéresse le plus la société civile, ont-ils eu besoin du concours de son autorité?

Ce qui est reconnu vrai pour tous les actes de cette police extérieure qui n'intéressent nullement l'état des personnes, pourroit-il être prétendu faux pour le contrat qui, d'après les principes généraux de l'Eglise & du Royaume, fixent en même temps & l'état du Citoyen & l'état du Catholique, pour le contrat dont le Ministre se trouve être en même temps & le Prêtre aux yeux de l'Eglise & le Magistrat civil aux yeux de la loi?

Si, depuis l'instant où les erreurs religieuses de nos Pères se dissipèrent, où les sacrés Mystères de la Religion Chrétienne vinrent remplacer les monstruosités méthaphysiques, au moyen desquelles les Druides & les Prêtres de Rome idolâtre avoient abusé de la crédulité de nos Pères; si, depuis l'instant où la loi bienfaisante du Christ réunit tous les François sous la même foi, on a cru devoir accorder aux Prêtres une autorité publique & légale sur les mariages; si, depuis cette époque, les Papes ont voulu se servir de ce moyen pour augmenter leur pouvoir, pour confondre l'autorité temporelle, qui ne leur appartint jamais, avec l'autorité spirituelle léguée aux successeurs des Apôtres; que dis-je, s'il ont voulu asservir la première à la seconde, est-il, en de-çà des

Alpes, un Prêtre de bonne foi, qui ne se soit pas récrié contre de pareils abus? en est-il un qui n'ait pas reconnu l'autorité temporelle, qui ne l'ait pas appelée à son secours, qui ait prétendu qu'on devoit méconnoître les lois de l'Empire, pour se soumettre aveuglément à celles qui n'étoient pas de Jésus-Christ, mais que l'ambition insatiable de ses Ministres avoit créées?

Qu'on me cite une seule ordonnance de nos Rois par laquelle la publication du Concile de Trente se trouve ordonnée, autorisée ou consentie? & alors, je conviendrai qu'il doit être observé comme une loi. mais il n'en est aucune: le refus, le plus formel, est démontré par les faits.

Catherine de Médicis fut sollicitée par le Nonce du Pape, après la conclusion du Concile, de le recevoir & de le faire publier dans le Royaume; elle renvoya cette affaire au retour du Cardinal de Lorraine: & depuis, le Cardinal étant arrivé, elle fit assembler son Conseil, en présence du Roi, des Présidens, des Avocats & des Procureurs-généraux du Parlement de Paris; & il y fut résolu, malgré les grands efforts du Cardinal, *qu'il seroit sursis* à la publication du Concile.

L'Empereur, le Roi des Romains, le Roi d'Espagne & le Duc de Savoie ne pouvant se refuser aux vives instances du Pape, envoyèrent de concert avec lui des Ambassadeurs à Charles IX, pour lui faire savoir que tous les Princes Chrétiens s'assembloient à Nanci, pour entendre la lecture des décrets du Concile, en jurer l'observation & aviser aux moyens d'exterminer les nouveaux sectaires, & ils l'exhortèrent à s'y trouver; mais Charles répondit, après quelques délais, que *l'affaire étoit trop importante pour la résoudre en si peu de temps*, & qu'il vouloit convoquer pour cela les Princes, les grands Seigneurs & les principaux personnages de son Royaume.

Le Pape crut que ces difficultés venoient de ce que

la Cour de France conservoit quelque ressentiment de l'affront que les Ambassadeurs de cette couronne avoient reçu dans le Concile, & de ce qu'on tenoit cette affaire indécise : il prononça donc en faveur de l'Ambassadeur de France, le 18 Août 1564; & en même temps il dépêcha un nouveau Nonce auprès du Roi : il le chargea même d'une permission *d'aliéner les biens ecclésiastiques pour subvenir aux affaires de l'Etat;* malgré cela, Charles IX, ce Roi qui commanda la Saint-Barthelemi, ne put se résoudre à reconnoître ce Concile.

Le Cardinal Alexandrin, neveu de Pie V, renouvella ses instances, en 1572; la même année, le Cardinal de Lorraine eut la bassesse d'écrire au Pape qu'il y avoit quelque apparence que le massacre de la Saint-Barthelemi avoit si fort aigri les esprits contre les Sectaires, que les François se rendroient plus faciles à recevoir le Concile; & que la Cour, pour achever de ruiner les Hérétiques & réduire tous les François à une même Religion, s'y porteroit plus aisément; enfin, que ceux qui avoient un avis contraire n'oseroient se déclarer dans la peur d'un pareil traitement. Quelles atrocités! le Cardinal Ursino fut en conséquence envoyé à la Cour de France; mais il ne fut pas plus heureux dans sa négociation.

Cette espèce de guerre sacrée qui déshonora nos Pères, & comme Catholiques & comme Citoyens; cette insurrection d'autant plus abominable que, sous le prétexte de conserver la Religion, elle fit oublier aux François leur devoir envers leur Roi, sans leur rappeler les droits d'un Peuple libre; cette révolte ouverte contre toutes les autorités légitimes, qui ne couvrit des crimes égaux à ceux de la Saint-Barthelemi, que par le ridicule dont elle se déshonora; la Ligue enfin, avoit donné en apparence au Pape beaucoup de créatures; Grégoire XIII profita de cette circonstance pour solliciter de nouveau Henri III; & ce Prince eut la fermeté de répondre au

Roi de Navarre : « mon frère, ceux qui vous ont mandé » que je voulois faire publier le Concile de Trente » sont très-mal informés de mon intention ; car je n'y » ai nullement pensé, & connois trop combien cette pu- » blication préjudicieroit à mes affaires, & ne suis pas » moins jaloux de mon autorité & prééminence de » l'Église Gallicane, & pareillement de l'observation de » mon édit de paix ».

Enfin, ce Prince fit prendre dans les décrets du Concile de Trente, ce qu'on trouva de plus utile à la discipline; & sans approuver ce Concile, sans même le nommer, il fit de ce triage un édit publié aux Etats de Blois, en 1576. Le Pape avoit ordonné, dès l'année 1564, que le Concile commenceroit d'obliger toute la chrétienté au mois de Mai de cette année. On ne fut donc pas satisfait à Rome de l'edit de Blois, qui paroissoit contraire à l'autorité du Concile, & les ultramontains regardèrent même cet édit comme plus criminel encore, parce qu'il étoit contraire à l'autorité du Pape qui avoit ordonné l'exécution de ce Concile, autorité qu'ils supposent infaillible, illimitée & supérieure même à celle des Conciles œcuméniques.

Les Chefs de la ligue insérèrent dans le traité qui fut passé à Joinville, en 1584, entre eux & le Roi d'Espagne, une clause expresse qui porte que les Princes feront observer, en France, les sacrés décrets du Concile de Trente. D'après cette clause, dans les prétendus Etats assemblés, en 1593, par le parti de la ligue, le Légat ayant représenté qu'on ne pouvoit jamais bien établir en France la Religion Catholique, pour laquelle on avoit entrepris cette guerre, si on ne commençoit par la réception pure & simple du Concile de Trente; & plusieurs personnes s'étant opposées à cette proposition, en disant que ce seroit abolir les droits & la liberté de l'Eglise Gallicane, on chargea le Président, le Maître &

quelques autres Membres de cette assemblée, d'examiner cette affaire, & de rapporter les articles qu'ils jugeroient être contre les lois & les coutumes de ce Royaume; ces Députés, pour s'acquitter de cette commission, y portèrent peu de jours après un mémoire contenant vingt-six articles, & le Légat se désista de son entreprise.

Enfin, Clément VIII crut avoir trouvé le moyen de faire recevoir ce Concile en France; il en fit une des clauses de l'absolution du Roi Henri IV; il lui fit promettre solemnellement de faire publier ce Concile; il l'inséra, dans la Bulle de son absolution, parmi les articles auxquels il s'étoit obligé; il eut même l'attention, sur quelques difficultés, de consentir à ce qu'on retranchât les points qui pourroient troubler la paix du Royaume, *exceptis iis, si quæ essent, quæ regni tranquillitatem turbare possent;* mais il ne cessa de presser ce Prince d'executer sa promesse; Henri fit dresser l'édit, en envoya à Rome le projet; il y fut approuvé, suivant le témoignage du Cardinal d'Ossat; il fut ensuite signé & présenté aux Officiers du Parlement; mais ils firent tant de représentations & elles parurent tellement fondées, que, pour ne pas s'exposer à un refus public de cet édit, le Roi fut obligé de le retirer & de ne point insister sur sa vérification.

Les Papes ont, depuis ce temps, perdu l'espérance de faire jamais recevoir ce Concile en France; ils ont même cessé de faire des instances au moins publiques, à ce sujet; le Clergé de France en a fait plusieurs dont on peut trouver le détail dans la dissertation sur la réception du Concile de Trente, pages 18 & suivantes, dont nous avons tiré ce que nous venons de dire; mais les tentatives d'une partie du Clergé, contrariées toujours par les bons citoyens, n'ont eu aucune suite. Il est donc de fait que les actes du Clergé démentent formellement l'impudente assertion de François de Harlay, qui osa aſſurer le Roi Louis XIII, que les Etats avoient requis la publication de ce Concile : tous les actes publics atteſtent au contraire que ſa publication n'a jamais été faite ni ordonnée ; & que toute propoſition, tendante à le faire recevoir, a été conſtamment refuſée par les Etats-Généraux, d'où il réſulte par conſéquent, que ſi les canons de foi arrêtés au Concile de Trente, n'ont rien pu changer à celle des François, parce que la foi eſt immuable, ceux de diſcipline n'ont jamais eu force de loi dans ce Royaume.

§. VII.

Les Canons du Concile de Trente, relatifs au mariage, ne peuvent, en France, être cités comme loi, puisqu'il y a eu contre leur contenu des réclamations, tant particulières que publiques.

Il suffit, sans doute, qu'une loi ne soit pas reçue, ni publiée avec les formes requises, pour qu'elle ne soit pas obligatoire; mais si elle est reçue d'une manière légale, si elle est publiée avec les formalités nécessaires, personne ne peut l'enfreindre avant sa révocation. Les réclamations contre une loi injuste appellent cette révocation, & elle est ou expresse ou tacite; une loi est révoquée tacitement, lorsque, sans l'avoir été expressément, elle est tombée en désuétude; j'emprunte ici le langage de l'ancienne jurisprudence: puisse une telle distinction ne jamais exister à l'avenir. Je préfère une loi, même trop sévère, exécutée littéralement, à celle qui est tombée dans l'oubli; personne ne songe à exécuter cette dernière, & elle devient tôt ou tard l'arme des tyrans; nulle pour tout le reste des humains, elle se réveille pour frapper la tête des victimes que les despotes veulent sacrifier (1).

(1) Telle fut la loi qui, oubliée pendant de longues années, fit périr sur un échaffaud l'estimable de Thou, son crime eut été celui de toute ame honnête; il avoit détourné son ami Cinq-Mars de ses liaisons avec les Puissances étrangères; il avoit voulu rendre un citoyen à l'Etat, il se flattoit d'être parvenu à ce but, & il se félicitoit de n'avoir pas été le vil délateur de celui qu'il croyoit avoir ramené à son devoir. Louis XI avoit fait un crime de ces vertus, & Richelieu qui ne savoit commander que comme ce Prince avoit régné, Richelieu s'applaudit de recueillir le fruit d'une loi barbare qu'il eût eu honte de porter; les Juges qui, d'après les dispositions

Lorſque les déciſions d'un Concile n'ont été ni reçues ni publiées; lorſqu'elles ont été refuſées expreſſément, les réclamations, tant particulières que publiques, contre leurs diſpoſitions, n'en ſollicitent pas la révocation; mais elles font plus; car elles empêchent même, l'uſage, qu'on pourroit en faire, de devenir une coutume d'après laquelle la juriſprudence pourroit ſe fixer.

Or, les déciſions du Concile de Trente ſont dans ce cas; cette Aſſemblée ne fut pas plutôt terminée qu'on fît imprimer en France pluſieurs écrits contre ce qui y étoit contenu; les Théologiens même ne l'approuvoient pas: c'eſt ce que M. Thou nous apprend dans ſon Hiſtoire, année 1563.

Claude de Xaintes, célèbre Docteur de la Faculté de Paris, qui avoit accompagné le Cardinal de Lorraine à ce Concile, diſoit que les Pères du Concile de Trente avoient plus attribué à eux qu'au Saint-Eſprit (1); puiſqu'ils avoient plutôt ſuivi leurs paſſions que les mouvemens de l'Eſprit-ſaint (*diſſertation ſur la réception du Concile de Trente, page* 2). S'il eſt quelques points où cette réflexion puiſſe être trouvée juſte, celui que nous traitons eſt certainement de ce nombre, en ſuppoſant

---

de cette loi, condamnèrent de Thou, crurent, ſans doute, qu'un homme aſſez vertueux pour ne commettre que de tels crimes, devoit être affranchi de l'horreur de vivre, ſous le miniſtère de celui qui, de ſujet, étoit devenu le deſpote de la France, & avoit fait de Louis XIII ſon premier eſclave.

(1) Tel étoit le ſentiment de l'Empereur Ferdinand, lorſque le 3 Mai 1563, il écrivoit au Pape Pie IV: « Nous avons entendu » avec grande douleur d'eſprit, que les choſes ne vont pas » en ce ſacré Concile, de la ſorte & avec l'ordre que nous » & tous les gens dévots, ſouhaiterions, & que pourroit » requérir le miſérable état de la République Chrétienne; il » eſt à craindre ſi les remèdes ſalutaires n'y ſont promptement » apportés, que la fin du Concile ſoit telle qu'il donnera du » ſcandale & offenſera la Chretienté.

que le Concile ait voulu attacher à ses expressions, le sens que veulent leur prêter MM. de Rastignac, de Barruel & autres anti-divorciaires.

Les Légats, qui présidoient ce Concile, ne laissoient cependant pas aux Pères qui le composoient, la liberté de suivre en tout leurs passions; car ils s'étoient réservé le droit de proposer seuls ce qu'on devoit décider, & ils ne proposoient rien qu'après avoir reçu les ordres du Pape; de manière que la volonté des Evêques, assemblés à Trente, étoit dirigée par celle du Saint-Père (1);

(1) Vargés, Ministre de l'Empereur au Concile, « homme » qui n'a jamais été soupçonné d'aigreur & d'animosité » contre cette Assemblée, écrivoit à l'Evêque d'Arac, le 26 » Novembre 1551 », ce qui justifie ce que nous venons d'avancer. » Le Légat est toujours le même, c'est un homme » qui a perdu toute honte. . . . . Il traite les Evêques comme » des Esclaves. . . . . Il est inutile que sa Majesté se fatigue » davantage à solliciter le Pape & ses Ministres; c'est vouloir se faire entendre à des sourds, & entreprendre d'amolir » les pierres les plus dures. . . . . On connoîtra que les » artifices des Papes & les grands obstacles qu'on trouve de » leur part, empêchent que ce (*l'Assemblée d'un Concile » général*) ne soit un moyen propre pour réformer l'Eglise; » ils ne pensent qu'à se rendre maîtres du Concile & à en tirer » de nouveaux avantages . . . . . En voilà assez sur la ré- » formation; j'ai peu de choses à dire sur les dogmes : c'est » une chose pitoyable de voir comme on s'y prend en plusieurs » rencontres. Le Légat conduit & fait tout comme il l'entend, » sans compter ni peser les suffrages des Théologiens & des » Evêques . . . . . L'Empereur a envoyé ici plusieurs excellens » Théologiens; les Docteurs de Louvain sont recommandables par leur zèle & par leur piété; cependant on ne les » appelle point quand il est question de dresser les canons; » on le remarque, & on en murmure. De grands Théologiens, » que le Concile auroit dû aller chercher au bout du monde, » ne servent ici qu'à disputer pendant une heure de session en » session. Après cela, on ne pense plus à eux. On doit trembler avant de publier un article de foi; à plus forte raison

& c'eſt à cette occaſion que Lanſac, Ambaſſadeur de Charles IX au Concile, fit ſentir en arrivant que les Préſidens *avoient fait venir de Rome le Saint-Eſprit dans une valiſe.* Hiſt. Eccléſiaſt. *in*-4°. Tom. XXXII, pag. 358.

Duferrier, Ambaſſadeur de France à Trente, s'étoit retiré à Veniſe, après avoir fait ſon oppoſition à la continuation de cette Aſſemblée; & la concluſion du Concile s'étant faite pendant ſon abſence, il dit au Roi Charles IX, dans la lettre qu'il lui écrivit, le 6 Décembre 1563, à cette occaſion : « & d'autant, Sire, que par icelle conclusion, le Pape eſt appelé Evêque de l'Egliſe univerſelle, nous y étant, euſſions empêché cette qualité & » dénomination ». Il termine cette lettre par ces mots remarquables, & conformes aux ſentimens de tous les Princes & des Evêques étrangers à l'Italie : « & jamais » n'a été en notre pouvoir d'obtenir la moindre de nos » pétitions, encore qu'elles ſoient conformes aux anciens » canons & décrets de l'Egliſe Catholique, ſelon leſquels » nous avons toujours requis que la réformation de » l'Egliſe fût faite; *mais ça a été en vain*, comme votre » Majeſté l'entendra mieux par ledit Sr. de Pibrac ». *Inſtructions & Mémoire du Concile de Trente, pag.* 545.

» faudroit-il être fort réſervé avant de paſſer un canon. »

La juſteſſe de cette dernière réflexion ſera parfaitement ſentie par ceux qui examineront avec quelle aſtuce a été compoſé le canon qu'expliquent à leur ſens les anti-divorciaires. Tel étoit l'eſprit du Légat; car, dit Vargas, *il a toujours le même artifice qui eſt de précipiter les affaires.* Y a-t-il eu une ſeſſion plus précipitée que la vingt-quatrième à conſidérer les matières qu'on y traite & les entrepriſes qu'on s'y permet « contre » les droits des Souverains » ? Il eſt à deſirer que ceux qui voudront connoître à fond ce Concile, liſent en entier la lettre dont nous donnons l'extrait, ils la trouveront dans l'abrégé de l'Hiſtoire Eccléſiaſtique, tom. VIII, page 500 & ſuivantes.

« M. Dépenſe, Docteur très-célèbre pour ſa piété & » pour ſa doctrine », *dit l'Auteur de la diſſertation ſur » la réception du Concile de Trente*, parle de ce Concile » avec une grande liberté dans les Commentaires qu'il » a faits ſur l'Epître de ſaint Paul à Tite, chap. 1, pag. » 473; car il ne ſe contente pas, comme quelques-uns, » de ſe plaindre qu'on avoit introduit des nouveautés » préjudiciables à ce Royaume; mais il accuſe ouverte- » ment les Pères de ce Concile de foibleſſe, en ce qu'ils » n'avoient oſé réformer les mœurs dépravées de la Cour » de Rome qui étoient la ſource de tous les maux des » Egliſes; il fait voir par-là que le Concile eſt preſque » inutile, & qu'il n'y avoit pas aſſez de liberté: & il » inſinue enfin qu'on ne doit plus attendre de bons » ſuccès des Conciles-généraux, pendant que les Evêques » d'Italie, qui ſont toujours dévoués au Pape, ſeront » en ſi grand nombre, que leurs ſuffrages puiſſent l'em- » porter ſur celui des autres Nations, & qu'ils ſe rendront » par cette voie les maîtres de toutes les déciſions; » *il » obſerve que* telles étoient les juſtes plaintes que Louis » d'Arles faiſoit au Concile de Bâle de cet abus, & que » tel étoit le ſentiment d'Enéas Silvius, Secrétaire de ce » Concile, avant qu'il fût Pape; *il ajoute enfin* que cette » forme condamnable & nuiſible au bien de l'Egliſe, a » eu lieu au Concile de Trente. *Hæc eſt illa Helena » quæ nuper Tridenti obtinuit* ».

L'Univerſité de Paris a témoigné formellement qu'elle ne croyoit pas qu'on fût obligé d'acquieſcer à ce que le Concile avoit décidé, touchant même la matière du dogme: ſi un Corps, auſſi fameux, pour avoir conſervé la tradition apoſtolique, & l'avoir défendue contre les attaques des novateurs, a cru que le Concile pouvoit n'être pas ſuivi pour ce qui regarde le dogme, à plus forte raiſon l'Univerſité n'a-t-elle pas cru que la diſcipline qu'il avoit décrétée, pût faire loi ſans avoir été reçue. On trouve ce ſentiment clairement exprimé, dans ce qui ſe paſſa entre la Faculté de Théologie & le Jésuite Maldonat. Ce dernier avoit enseigné, conformément au Concile de Trente, qu'il n'étoit pas de foi que la Vierge eût été conçue sans péché : la Faculté censura cette doctrine ; l'Evêque de Paris prit le parti de Maldonat, & excommunia le Doyen & le Syndic de la Faculté ; & cette dernière écrivit, en 1575, au Pape Grégoire XIII, une lettre (1) qui fait voir que si l'Université avoit souhaité & poursuivi la réception du Concile, quoique les Evêques de France ne l'eussent pas encore sollicitée, elle croyoit cependant être en droit de rejetter le Concile dans les points qui semblent choquer la tradition, & qu'au moins jusqu'à ce qu'il soit entièrement reçu, non-seulement elle croyoit pouvoir garder ses anciens sentimens, mais même condamner ceux qui, sous le prétexte d'un décret de ce Concile, enseigneroient, dans Paris, une doctrine contraire à la sienne.

« Je sais bien », dit l'Auteur de la dissertation sur la réception du Concile, « qu'on peut dire qu'il ne » s'agissoit pas proprement d'une définition de foi qu'on » peut prétendre avoir été mal-faite par le Concile, non-» seulement en ce qu'il avoit manqué à décider une » question qui étoit assez éclaircie par la tradition, sui-» vant le sentiment des Docteurs de Paris, & qu'il avoit

(1) Voici les termes de la lettre. *Grave nimis fuit... ab omnibus deseri & affligi unum ob crimen, ut cum Basilio loquamur, quod paternas Traditiones sequeremur ut puritati sacratissimæ Virginis propter honorem filii, ac populorum in matrem & filium devotioni patrocinaremur ; grave nimis ad introducendum Concilium Tridentinum, à Jesuitis & ab Episcopo absque sede Apostolicâ initium fieri ab eâ re quæ eidem Concilio ad Gallos omnem aditum in pepetuum poterat præcludere .... Grave nimis accusari, quasi soli ad abolendum Concilium Tridentinum conspiraremus, cùm ferè soli in Galliâ publicè & privatim Reges & Primates simus prò illo importuniùs obtestati, atque pro eodem repulsi ; neque desistemus.*

» par-là

» par-là indirectement favorisé l'erreur, en permettant » d'enseigner un sentiment contraire à la foi de l'Eglise, » ce qui seroit assurément une faute très-énorme à un » Concile-général qui n'est assemblé que pour détruire » l'erreur & établir la vérité de la foi que doivent avoir » les Fidèles ; c'est pourquoi on peut dire que si, en ce » temps-là, on avoit regardé cette Assemblée comme un » Concile véritablement œcuménique, on se feroit » soumis sans difficulté & sans exception à son autorité, » on auroit regardé comme des questions libres, ce qu'il » auroit expressément déclaré n'être point de foi, & on » auroit fait céder son sentiment particulier à celui de » toute l'Eglise, qu'on auroit cru trouver infaillible dans » les déterminations de ce Concile ».

L'Université, comme on vient de le voir, n'étoit pas prévenue contre le Concile ; mais son opinion bien clairement exprimée dans sa lettre, prouve qu'en sollicitant sa réception, elle ne vouloit pas qu'on l'admît sans quelques distinctions, même pour les articles de dogme : si tel étoit l'avis de la Faculté de Théologie pour ce qui la concernoit, combien à plus forte raison la Faculté de droit se feroit-elle écriée contre les articles de ce Concile, qui, sous le prétexte de discipline, dépouillent la puissance souveraine & donnent aux Ecclésiastiques, & principalement à la Cour de Rome, une autorité sur des objets purement temporels ?

Telle étoit la manière de voir de tous les Jurisconsultes dont nous allons rapporter les avis.

1°. Le fameux Dumoulin, également éloigné des opinions des Protestans & des erreurs ultramontaines, s'exprime ainsi dans sa consultation au Conseil, du mois de Février 1563.

« 45. Et en la 8e session, canon 7 : Trop mal est anathématisée l'opinion de saint Ambroise, Docteur de

» l'Eglise, & des anciens, & de plusieurs grands Théolo-
» giens de ce temps, mêmement d'Erasme & Thomas de
» Vion, Cardinal Cajétan, laquelle est conforme au texte
» évangélique; Matthieu, 19, *qui ne parle pas de la sépa-*
» *ration du lit seulement, qui étoit chose lors inconnue,*
» *mais du divorce au total*; & l'opinion superstitieuse
» qu'en cas d'adultère il n'est loisible à l'autre partie of-
» fensée de soi remarier, a été cause de grands maux
» que le Concile dut avoir en horreur, & non préférer la
» superstition à justice.

» 46. En ladite 8e session, au décret 1 de la réformation
» des mariages, il fait une grande difformation en ap-
» prouvant les mariages des fils & filles de familles faits
» clandestinement, sans le consentement & contre l'auto-
» rité de leurs pères & mères, contre les bonnes & an-
» ciennes lois civiles & honnêteté publique. *L. 4, ff. de*
» *ritu nuptiar. l. nec filium. c. de nuptiis*, §. 1, *quæst. eod.*
» *titul.* & contre la police & contre l'opinion des anciens
» Docteurs, & entre autres Maître Jean de Coras, Con-
» seiller en la Cour de Parlement de Tholose. *In l. Pau-*
» *lus. ff. de statu hom. & in Miscellan. lib.* 1, *c.* 17, &
» aussi le veulent les anciens canons cités, *in c. nec omni*,
» & *in c. honorantur parentes.* 32, *q.* 2, que ledit pré-
» tendu Concile devoit ensuivre, & non les corriger.....

» 47. Et le milieu dudit premier décret de la réforma-
» tion des mariages est contre les ordonnances & édits de
» pacification, qui approuvent les mariages contractés en
» l'assemblée des Eglises réformées, & néanmoins par faute
» d'un pacte papal, sont déclarés nuls, qui feroit révo-
» quer les édits de pacification & arrêts homologatifs
» d'iceux. . . . . . .

» 48. Et au premier chapitre de la réformation ecclé-
» siastique en ladite huitième session, ledit Concile ren-
» voie les provisions des Evêques & Prélats au Pape par
» le décret & jugement de son consistoire, ce qui est di-
» rectement contraire aux anciens canons & Conciles, &

» aux anciennes ordonnances des Rois de France, de » Charlemagne & de ses enfans, & à la pragmatique » Saint Louis qui est la tierce-partie du style du Parle- » ment, titre des élections, & à l'ordonnance des Etats » de France susdits, sans la répéter, & encore seroit » contre ladite ordonnance des Etats, article 2, où il est » prohibé de transporter or ou argent à Rome ou hors le » Royaume. (1)

» 97. Recevoir ledit Concile, ce n'est pas seulement » abroger la souveraineté du Roi, mais aussi abroger l'au- » torité des Etats de France, libertés & droits du peuple » & Eglise Gallicane, pour en faire un pays d'obédience » papale. . . . . . Par quoi ceux qui conseillent au Roi

---

(1) La défense de payer des Bulles, des Annates, &c., n'est donc pas une loi nouvelle? mais ce n'est pas en cela seulement que notre constitution ecclésiastique actuelle paroîtra conforme au vœu des Etats-Généraux qui ont précédé l'Assemblée Nationale, « par laquelle ordonnance des Trois-Etats, » & pragmatique sanction royale, au premier chapitre & » premier article est statué & ordonné que l'élection des » Evêques & Archevêques... se fera par les Trois-Etats & » par l'autorité & Majesté royale, selon qu'il est très-ex- » pressément décidé par ledit article. C'est à raison des Ar- » chevêques par les Evêques de la Province & Chapitre de » l'Eglise Archiépiscopale, quant à l'Etat ecclésiastique; ap- » pellés avec eux douze Gentilshommes qui seront élus par » la noblesse du Diocèse & conséquemment représentans » tout l'Etat de Noblesse : voilà pour le second Etat; & outre » appelés avec eux douze Notables bourgeois qui seront élus » à l'hôtel de la Ville, soit Archiépiscopale, ou Espiscopale, » ou Primatiale : voilà pour le Tiers-Etat ».....

On voit par-là que les personnes qui se plaignent de l'élection par la voie représentative des Assemblées primaires, tâchent de faire oublier combien a été variable la forme des élections; celle qui peut se faire par représentation, au moyen d'Electeurs choisis par le Peuple, n'est donc pas aussi nouvelle & aussi extraordinaire qu'il leur plaît de l'avancer.

» de recevoir ledit Concile de Trente ne l'aiment pas, & » encore moins aiment l'honneur de Dieu & obſervation » de ſa parole & commandement; & s'ils ſont ſujets du » Roi, ils lui ſont traîtres & criminels de lèſe-majeſté.

» Leſquelles choſes conſidérées, l'avis & réſolution du » Conſeil ſouſcrit eſt que ledit Concile de Trente ne peut » & ne doit être reçu, & que la réception & approbation » d'icelui ſeroit contre Dieu & contre le bénéfice de Jéſus-» Chriſt en l'évangile, contre les anciens Conciles, contre » la majeſté du Roi & droits de la couronne & régale, » contre les édits récents de lui & de ſes prédéceſſeurs » Rois, contre la liberté & immunité de l'Egliſe Galli-» cane, autorité des Etats & Cours de Parlement de ce » Royaume & Juriſdiction ſéculière. Délibéré à Paris, ſur » la fin de Février, l'an du Seigneur mil cinq cent ſoi-» xante-trois, ſelon la computation romaine, par Meſſire » Charles Dumolin, Profeſſeur des ſaintes lettres, Doc-» teur ès droits, Conſeiller & Maître des Requêtes de la » Royne de Navarre. Ainſi ſigné C. Dumolin ».

Le même Dumoulin, dans ſon Commentaire analytique de la Chancellerie Romaine, nomb. 359, Tome V de ſes Œuvres, page 65, dit, en parlant du Concile de Trente : *nec enim erat juſtum Concilium, ut hoc anno ſeſquimilleſimo quinquageſimo primo. Chriſtianiſſimus Rex noſter Henricus II, palam etiam Tridenti & per totam Germaniam proteſtatus eſt.* On ne peut même reconnoître l'aſſemblée de Trente, contre laquelle nos Rois avoient proteſté, pour un véritable Concile, *Juſtum Concilium.* Cette opinion eſt plus forte ſans doute que ne l'eſt la nôtre; puiſque nous croyons ce Concile œcuménique, & que nous ſoutenons ſeulement que ſa diſcipline n'oblige que les Etats où il a été reçu & publié.

2°. A. L., Avocat au Parlement, donna en Juillet 1596, à M. le premier Préſident une conſultation qu'on trouve imprimée avec quelques remarques de M. M. A. L. son fils, Conseiller au même Parlement (1).

Il la commence par raconter ce qui se passa aux Etats de Blois en 1576, lorsqu'il y fut proposé de recevoir en général le Concile de Trente.

Il loue la conduite que tinrent nos Prélats & Ambassadeurs en se retirant tout-à-fait de ce Concile, & *protestant de ne rien tenir de ce qui y seroit ordonné.*

Et il conclut ainsi : « Il semble donc qu'il vaudroit » mieux choisir des hommes pour extraire dudit Concile » ce que le Roi & la Cour pourroient autoriser, & le faire » publier sous le nom & autorité de Sa Majesté, sans » parler, ni autrement approuver ou autoriser ledit Concile ; mais plutôt supplier Sa Majesté de procurer envers » le Pape, l'Empereur, les Rois & Princes, Seigneurs & » Républiques, d'en faire un autre général & universel en » toute liberté & franchise, pour pourvoir aux différends » qui sont en la religion ; suivant ce qui est porté par les » Conciles de Constance & de Bâle, qu'il en sera fait de » dix ans en dix ans, au lieu qu'il y a plus de quarante » ans que celui de Trente a été tenu, & conséquemment » est comme proscrit, au moins en France ; & à faute de » ce, en faire tenir un national en son Royaume, suivant » que les Rois Charles IX & Henri III ont promis tant » aux Etats que par leurs édits de pacification. »

3°. Guillaume Ranchin fit imprimer en 1600 un ouvrage intitulé : *Révision du Concile de Trente, contenant les nullités d'icelui, les griefs des Rois & Princes Chrétiens, de l'Eglise Gallicane & autres Catholiques.* Sa préface annonce que « ce livre n'est pour ceux qui ont fait séparation

(1) Cet imprimé se trouve à la Bibliothèque du Roi, n°. F. 2639 : nous jugeons par les lettres initiales & les dates que l'Auteur est M. Antoine Louet, dont la réputation & les Ouvrages sont connus.

» en religion, ains pour les bons Catholiques qui desirent » d'y voir une sainte réformation ;» & cet auteur commence ainsi son premier livre : « Le Concile de Trente avoit été » convoqué pour réformer les abus des Papes & de la » Cour de Rome qui nous ont jetté au schisme auquel » nous croupissons à présent, qui ont fait armer toute la » chrétienté en ces derniers siècles & durant l'espace de » plus de deux cens ans auparavant. . . . . . les Papes » ont tourné la truie au foin, l'ont si bien ménagé & con- » duit, qu'au lieu de ce naturel attachement, il a enfanté » un monstre ; au lieu d'un canon ou décret synodal, une » bulle papale ; au lieu d'un retranchement d'abus, une » pépinière d'erreurs ; au lieu d'une réformation, une » source d'injustice, un titre authentique de toutes les » usurpations que les Papes ont jamais faites sur l'autorité » de l'Eglise, sur les autres Ecclésiastiques, sur les Em- » pereurs, Rois & Républiques, leurs officiers, leurs vas- » saux & sujets, & pour dire en un mot sur toute la » chrétienté & tout ce qui est du temporel & du spirituel » en icelle. »

Il donne plusieurs preuves de ce qu'il dit, entr'autres livre 6, chapitre 3, page 251, relativement aux canons qui règlent le mariage. « *Si quelqu'un dit que les causes » matrimoniales n'appartiennent point aux Juges ecclésias- » tiques, qu'il soit anathématisé.* Voilà, ajoute-t-il, un » canon, sans selle & sans bride, qui est suffisant pour » effaroucher tout tant qu'il y a de juges séculiers, » & les faire abstenir de quelconques jugemens en fait de » mariages, & de tout ce qui en dépend, car il n'y a rien » d'excepté.

Et pages 260 & 261 : « pour le regard des adultères, » l'entreprise est toute notoire ; c'est directement contre » les lois civiles, par lesquelles la punition de ce crime est » attribuée aux Magistrats, non-seulement par celles des

» païens, mais aussi par celles des Empereurs chré» tiens. »

On peut voir dans tout cet ouvrage combien ce Concile étoit peu estimé en ce qui ne regarde pas le dogme, & combien avec raison on a pu se plaindre de ses entreprises sur l'autorité temporelle; « motif pour lequel les » Rois de France n'ont voulu entendre à une publication si » dangereuse & dommageable & à l'Eglise & à tout leur Etat ». Tome I, page 26 (1).

Si tous les Jurisconsultes de la France, si ces hommes célèbres qui interprétoient les lois, s'exprimoient ainsi, les Magistrats, obligés de prononcer en vertu de la loi, se conformoient à ces avis : on trouve, dans le Recueil de Plaidoyers de M. Servin, Avocat-général au Parlement de Paris, des traces précieuses du soin que les Magistrats, chargés du Ministère public, mettoient à ne pas laisser augurer par leur silence que le Concile de Trente dût être observé en France.

Ce concile, dit M. Servin, *n'a pas été reçu en France, ni vérifié en la Cour; il ne peut être allégué pour autorité* (2); *nous ne pouvons ni devons nommer* (la convocation de Trente) *du nom de Concile, n'étant pas reçu en ce Royaume* (3). *Ce prétendu Concile n'est approuvé en France.*

---

(1) Nous nous arrêtons ici, car nous écartons tout ce qu'ont dit, de raisonnable à ce sujet, les Théologiens & les Jurisconsultes Protestans, & entr'autres Gentillet, Jurisconsulte Dauphinois, dans son livre intitulé *Bureau du Concile de Trente*, notamment page 246, relativement au Divorce.

(2) « Que si l'Appellant se veut parer de l'autorité du » Concile de Trente, M. le Procureur-général répondra pour » l'intimée; car il soutient encore en cette cause que *n'ayant* » *point été reçu en France, n'y vérifié en la Cour, il ne peut* » *être allégué pour autorité*. Liv. I. Plaidoyer 18, pag. 170.

(3) « Et cela est si vrai, qu'il prouve premièrement par » les déclarations & décisions des Prélats assemblés aux Con-

Il n'est point nécessaire de citer en ce Royaume les constitutions prétendues canoniques des Pères assemblés à Trente, vu même qu'elles portent plusieurs règles pour la police, qui sont nouvelles & difficiles à digérer en ce Royaume (1).

» ciles de Vienne & de Constance, & plusieurs autres, lesquels ont déclaré par leurs décrets, & même les Saints-Pères qui se sont trouvés *en la convocation de Trente, laquelle nous ne pouvons ni devons nommer du nom de Concile, n'étant pas reçu en ce Royaume*, ou ce qui est de la doctrine, est bien tenu par tout Catholique, ayant bon sentiment, comme il doit être, étant confirmatif de l'ancienne vérité; mais non pas ce qui est de la Police extérieure. Liv. I, Plaidoyer 30, pag. 273 ».

Par ces derniers mots, on voit que la distinction entre la police intérieure des Chrétiens, par voie apostolique de conseils, d'exhortations, de privation de communion, &c., police qui appartient, aux successeurs des Apôtres & des Disciples, de droit divin : & la police extérieure par voie de coaction, telle que défenses, à peine de privation du temporel, d'amende, de prison, &c., dont les Ecclésiastiques ne pouvoient user, sans la permission de l'autorité civile : on voit, dis-je, que cette distinction n'est pas nouvelle, & qu'elle étoit établie par des lois reconnues avant la convocation de l'Assemblée Nationale.

(1) « L'Avocat de l'anticipant a passé outre, disant que ce que font les appelians, est contre le Concile de Trente; & si bien, on a arrêté en icelui, ce que les Pères y assemblés avoient appris des Anciens, ce qui est de la foi; tout vrai Catholique & Orthodoxe, tenant (ainsi qu'il faut tenir en France comme ailleurs), ce que l'Eglise & les Pères d'icelle, nous en avoient apprins devant la convocation & déclaration de *ce prétendu Concile; quand il n'auroit point été tel, comme il est aux actes que l'on en rapporte, on s'en passeroit fort bien;* car les vrais fondemens de la doctrine chrétienne ont été jetés de si long temps, & la Religion Catholique, Apostolique & Romaine, répandue par tout le monde où l'état & l'empire des Romains s'est étendu, & encore plus avant, a été si exactement & soigneusement enseignée, & confirmée ès écoles de nos Théologiens François mêmement en celle de Paris, que toutes les maximes de la Sainte-Ecriture, &

(Les gens du Roi) *ne peuvent passer sous silence la citation faite du Concile de Trente, afin que l'on ne puisse dire ci-après qu'ils aient connivé ou approuvé ce mot qui est préjudiciable aux droits de l'Eglise Gallicane & de l'Etat, étant de leur devoir de dire que le prétendu Concile de Trente ne peut avoir lieu en France où il n'a pas été reçu ...... & quant à la police ecclésiastique, soit pour le regard du point concernant les solemnisations des mariages, soit pour autres, les sujets du Roi doivent suivre, non ce qui est ordonné par ledit Concile de Trente, mais les lois, libertés & constitutions de l'Eglise Gallicane qui sont droits, appellés du titre commun, tant par les Ordonnances des Rois Charles V, VI & VII, que par les dernières* (1).

» des Conciles œcuméniques & autres, tant généraux que » nationaux, & provinciaux des Eglises Orientales & Occiden- » tales y ont été, & sont journellement renouvelées pour la » doctrine du salut *in ceteris verò*, en ce qui est de la police » ecclésiastique & ordre de l'Etat, nous avons de si bonnes » & saintes lois, & sanctions en notre Eglise Gallicane, au- » torisées par les ordonnances de nos Rois, qu'il *n'est point » nécessaire de citer en ce Royaume la Constitution prétendue ca- » nonique des Pères assemblés à Trente, veu même qu'elles por- » tent plusieurs règles pour la justice, qui sont nouvelles & diffi- » ciles à digérer en ce Royaume* ». Liv. I, Plaidoyer 32, page 285.

(1) «Dira seulement pour ce qui concerne le public, en cette » dispense qu'il y a un mot du Concile de Trente, suivant la » forme duquel est enjoint, par M. le Légat, aux mariés de » solemniser leur mariage en face de la sainte Eglise, *ce qu'ils* » (les Gens du Roi) *ne peuvent passer sous silence, afin que l'on » ne puisse dire ci-après, qu'ils aient connivé, ou approuvé » ce mot qui est préjudiciable aux droits de l'Eglise Gallicane, » & de l'Etat, étant de leur devoir de dire que le prétendu Concile » de Trente ne peut avoir lieu en France, où il n'a pas été reçu*, » d'autant que, pour ce qui touche la Doctrine, nos Pères » la tenoient bonne; & selon les règles anciennes de l'Eglise » Catholique, Apostolique & Romaine, auparavant les décrets

Telles étoient les oppositions constantes de ce célèbre Avocat-Général, à ce qu'on citât comme autorité les constitutions prétendues de ce Concile, à ce qu'on le regardât comme reçu, à ce qu'on suivît les dispositions de ses canons, surtout pour la discipline & police extérieure de l'Eglise.

Cet avis de M. Servin lui valut la haine fanatique d'un Jésuite nommé le Père Richeaume. Ce dernier fit imprimer à Agen, avec privilége du Roi, un livre plein de fortes invectives contre ce Magistrat, & tâcha de le faire passer pour un Calviniste déclaré. M. Servin étoit bon Catholique, & ne fut accusé par ce pieux calomniateur que parce que ce grand homme qui partageoit les sentimens de tous les Jurisconsultes françois & des Officiers du Parlement, ne favorisoit pas les prétentions de la Cour de Rome.

On peut voir une preuve certaine de ce que M. Servin, en soutenant ce que nous venons de rapporter au sujet du Concile de Trente, ne professoit pas une opinion qui lui fût personnelle, si on fait attention à une cause dans laquelle il s'agissoit d'un mariage clandestin, jugé nul par

---

» de ce Concile, suivant lesquelles règles anciennes, nous » vivions & devons vivre à l'exemple de nos bons Pères, » sans adhérer à aucune nouveauté prohibée : *& quant à la » police ecclésiastique, soit pour le regard du point concernant » la solemnisation des mariages, soit pour autres, les Sujets » du Roi doivent suivre, non ce qui est ordonné par ledit Con- » cile de Trente, mais les lois, libertés & constitutions de l'Eglise » Gallicane, qui sont droits appelés du titre commun, tant par » les ordonnances des Rois Charles V, VI & VII, que par » les dernières*, & autorisées par les arrêts de la Cour; ayant » icelles lois été établies d'ancienneté, comme auroit aussi » été la doctrine long-temps, devant ce nouveau Concile : » ce qu'ayant été, par eux Gens du Roi, amplement déclaré » par ce qui est enregistré au Greffe sur la faculté de M. le » Légat; ils ne s'étendirent plus avant sur ce propos ». Liv. II, Plaidoyer 57, page 558.

l'official de Soiſſons avant que l'Ordonnance de Blois eût déclaré telles les unions tachées de la clandeſtinité.

Dans cette inſtance, les deux Avocats étoient d'accord avec le Miniſtère public, ſur ce que le Concile ne pouvoit pas faire loi; le défenſeur même de l'Official de Soiſſons ſoutenoit que ce Juge eccléſiaſtique avoit déclaré avec juſtice ce mariage nul, & qu'il avoit en cela « ſuivi le » droit ancien, renouvellé par le Concile de Trente, qui » *doit être gardé* pour ce regard, *ſinon pour loi, pour* » *n'avoir pas été publié en ce Royaume*, SALTEM, *pour* » *raiſon.* »

L'Avocat adverſe, Bruſſel, repliquoit: « quant à ce » que l'on objecte pour loi ou pour raiſon que l'on veut » tirer du Concile de Trente, *il n'a point été reçu en* » *France, & partant on ne le doit alléguer*; car il n'a » point été apporté en ce Royaume comme le fut le Con- » cile de Bâle pardevers le Roi Charles VII, par le com- » mandement duquel en fut extrait de ce qui ſembla bon » pour la direction de l'Egliſe Gallicane. *Enfin il ſoutient* » *qu'il ne faut avoir égard* AU CONCILE DE TRENTE » QUI N'A PU ABROGER LA LOI DE L'ÉVANGILE, » *que ſi on vouloit faire un droit nouveau*, IL FAUDROIT » QUE LE ROI ET LES ÉTATS DE CE ROYAUME (1)

(1) On trouve ici une obſervation bien importante à faire ſur ce que dit cet Avocat: il profeſſoit un principe reconnu, en France, depuis le commencement de la Monarchie; c'eſt qu'aucune loi n'exiſte dans le Royaume, ſi elle n'eſt arrêtée ou conſentie par les Repréſentans du Peuple; jamais les Monarques François n'ont eu le droit de faire de leur volonté une loi: le CAR TEL EST NOTRE PLAISIR, étoit une traduction infidèle des mots *ſic placitum*, qui terminoient nos lois, lorſqu'on les rédigeoit en latin: & ces derniers mots ſignifioient que la loi étoit le réſultat de la volonté générale, & non l'expreſſion de la volonté d'un ſeul; tous les monumens hiſtoriques nous atteſtent cette vérité qu'il falloit le conſentement des Etats

» *y prêtassent consentement*, & qu'icelui Concile eût été » reçu en tout ou en partie, ce qui n'est pas. »

M. Servin ne porta point la parole dans cette cause; M. Brisson, son collègue, parla pour M. le Procureur-Général en ces termes. *On n'est tenu de l'observer* (le Concile de Trente) *que trente jours après qu'il aura été publié. Or de publication il n'y en a point eu en ce Royaume, & ni aucune loi & ordonnance vérifiées en la Cour qui l'ait reçu ni approuvé* nec in toto, nec in parte; *& il faudroit que ce Concile eût été publié pour le pouvoir alléguer* (1).

---

du Royaume; la Loi Salique ne fut rédigée que sur l'avis des Francs, convoqués dans trois Assemblées générales *per tres mallos*, les Capitulaires furent proposés & consentis dans les Assemblées nationales, qui eurent lieu, sous Charlemagne & autres Rois, la pragmatique fut arrêtée dans l'Assemblée Nationale, alors appelée des Etats-Généraux; qu'on ne dise donc pas qu'on connoît l'histoire, lorsqu'on avance que l'Assemblée Nationale, en décrétant cette vérité incontestable, a dépouillé le Roi de son autorité. Le contraire étoit tellement reconnu, que l'Empereur Charles-quint obligea le Roi François Ier de s'engager à faire ratifier le traité de Madrid, par les Etats-Généraux du Royaume; ce Prince, comme Comte de Flandre, étoit Pair de France, & connoissoit les droits du Peuple François & ses bornes de l'autorité du Monarque dont il étoit vassal.

(1) « On voit que l'Official de Soissons a prononcé que le » prétendu mariage des appellans étoit nul, tant pour la clandestinité que pour avoir été fait contre les défenses de » l'Eglise, en quoi, il semble qu'il s'est fondé sur le Concile » de Trente qui reçoit la solution. *Car on n'est tenu de l'observer* » *que trente jours après qu'il aura été publié; or de publication*, » *n'y a point eu en ce Royaume & n'y a aucune loi, ni ordonnance vérifiée en la Cour, qui l'ait reçu, ni approuvé*, » nec in toto, nec in parte sic, *& faudroit que le Concile eût été* » *publié pour le pouvoir alléguer*, UT OLIM ROMANORUM » LEGES, *trinundino promulgabantur non ex templo, sed, ut* » *ait Tertullianus quodam loco proscribantur ut posteà de plano* » *legi possent : ideoque reprehensus fuit Imperator Calligula*

Les Cours Souveraines jugeoient ainsi : tous les arrêts rendus dans les causes dont nous venons de parler ont eu pour base ces principes avoués par les Jurisconsultes & réclamés par les Gens du Roi, chargés de veiller à l'intérêt public.

Il existe un procès-verbal (du 16 Février 1677), qui nous en fournit la preuve authentique, & qui contient un détail exact de la Jurisprudence du Parlement de Paris, à l'occasion du Concile de Trente, relativement aux mariages.

Jacques Lhuillier avoit soutenu dans l'acte de Vespéries du 18 Juillet 1775, cette proposition : « il ne faut pas » écouter celui qui enlève à l'Eglise le droit d'établir des » empêchemens dirimans le mariage, pour le donner » aux Princes séculiers ».

Cette maxime erronée arrachoit, comme on le voit, à la puissance temporelle, un droit incontestable; un droit qui lui a appartenu depuis la formation des sociétés; un droit qui lui a appartenu avant l'existence de Jésus-Christ; un droit que les Apôtres, les Papes & les Evêques ont reconnu. & qu'ils ont regardé comme lui appartenant pendant les douze premiers siècles de l'Eglise (1); un droit enfin que l'Eglise Gallicane a toujours cru & soutenu appartenir à la puissance séculière.

» *quod leges suas scriberet minutissimis litteris* ». *Ibid.* Liv. III, Plaidoyer 113, page 621.

(1) Saint Grégoire de Naziance, saint Ambroise, saint Jérôme, saint Jean-Chrysostôme se plaignent de ce que les Lois Romaines sont injustes envers les femmes, de ce qu'elles ne sont pas conformes à la pureté de l'Evangile; ils déclament contre l'usage qu'on pourroit faire de ces lois relativement au mariage; mais ils ne disent pas que l'autorité civile n'eût pas dû les porter. Saint Célestin, Pape, invoque (dans le Ve. siècle) les lois de l'Empire, pour décider une question, relative au mariage; saint Léon, Pape, répond (année 458) d'après l'Evangile & pour le for de la conscience; mais il ne décide pas que

Le Syndic de la Faculté de Théologie & le Docteur Lhuillier furent mandés; ils déclarèrent « n'avoir point » eu d'autre doctrine que celle que les Conciles géné- » raux leur avoient enseignée, touchant la matière du » mariage; sans prétendre déroger à l'autorité qu'ils » reconnoissent appartenir aux Princes séculiers de dé- » clarer les mariages non valablement contractés, lorf- » qu'ils auront été faits au préjudice des lois civiles & » ordonnances reçues dans leurs Etats ».

M. Talon, Avocat-général, posa, pour principe, cette vérité incontestable que *les mariages par leur nature, par leur objet & par leur fin sont des contrats civils*: « il dit » que rendre ce contrat légitime ou invalide, rendre les » personnes qui contractent, habiles ou inhabiles au » mariage, c'est l'effet d'un pouvoir souverain sur le » temporel » . . . Que la proposition de Jacques Lhuillier est une, « proposition téméraire, séditieuse, & qui » fait injure au Sacerdoce & aux Puissances tempo- » relles ».

---

les mariages sur lesquels on le consulte sont nuls dans l'ordre civil; il suppose même que quelques-uns d'entr'eux pourront subsister comme autorisés par les Lois Impériales; mais il prononce seulement la privation de la communion comme une peine canonique à imposer à ceux qui ont abusé de cette loi humaine d'une manière contraire à la Loi divine, c'est-à-dire, en épousant une seconde femme, sans avoir fait usage du Divorce, avant de passer à de secondes noces, comme l'avoit également décidé (année 405) le Pape Innocent I; enfin tous reconnoissent l'autorité des lois civiles relatives au mariage, & on doit se rappeler que le sixième Concile de Carthage décida relativement au Divorce, qu'il falloit à cet égard demander une Loi Impériale; Loi que les Empereurs Théodose & Valentinien portèrent en 449, & qui, quoique non conforme à la décision de ce Concile, fut observée par les Catholiques & respectée par les Prélats qui l'avoient desirée plus austère.

M. le Premier Président (de Lamoignon), après avoir pris l'avis des Membres de la Cour, dit que pendant long-temps : « l'Eglise n'a point observé d'autres » lois, touchant les mariages, que celles des Empereurs; » & quand elle a commencé à faire des règles & des » canons sur ce sujet, elle les a faits avec beaucoup de » circonspection, n'ordonnant rien de contraire aux lois » civiles, & même reconnoissant qu'on devoit s'adresser » aux Empereurs, cette matière regardant leur jurisdiction : » *in ea re legem imperialem petendum promulgari*, ou » selon la version grecque du Code des canons de l'Eglise » d'Arifque, » qu'*il étoit nécessaire de demander sur cela une loi à l'Empereur.* « Ce sont, ajoute-t-il, les paroles » des Evêques assemblés à Mileve, en 416, lorsqu'ils » déclarèrent que celui qui quitte sa femme pour adultère » n'en doit point épouser une autre. Quoique ce point » fût essentiel au sacrement & qu'il dépendît de l'ex» plication de l'Evangile; néanmoins, tant que les lois » civiles ont voulu autoriser ces mariages, l'Eglise, & » particulièrement celle de France, a eu la considération » de restreindre ses défenses à un simple conseil : & même » l'Eglise d'Orient a toujours suivi en cela la disposition » de la loi civile, sans que l'Eglise Romaine, qui est » l'Eglise Universelle, y ait rien trouvé à redire pendant » plusieurs siècles, & jusqu'au Concile de Florence, ni » qu'elle ait auparavant mis ces articles entre les erreurs » des Orientaux ».

Nous ne rapportons ici que ce qui a trait au Divorce; on peut consulter le surplus de cette pièce importante à la suite de ces observations, on trouvera, relativement aux mariages clandestins, aux empêchemens dirimans, &c., des principes certains & expliqués avec netteté; & on sera forcé de convenir, en comparant la jurisprudence des Cours, & particulièrement ce qui est contenu dans ce procès-verbal, avec le refus & l'opposition des Etats-

Généraux (1), à la réception du Concile de Trente, que jamais une loi ne fut repoussée plus constamment & ne mérita plus de l'être; que jamais les canons de ce Concile ne firent loi en France; que jamais enfin on ne les citât comme loi, sans exiter les plus vives réclamations & sans provoquer les protestations les mieux fondées.

Nous allons examiner dans le §. suivant si, de ces faits certains, il résulte que nous ayons cessé d'être Catholiques, pour avoir refusé de suivre en plusieurs points les décisions du Concile de Trente; & si le canon, qui nous est opposé par les anti-divorciaires, exige plus impérieusement notre obéissance que ne l'exigeoïent ceux que nous avons rejetés jusqu'à ce jour.

---

(1) Voy. le Paragraphe précédent.

---

§. VIII.

Il est absurde de vouloir que nous admettions le septième Canon de la vingt-quatrième session du Concile de Trente, lorsque notre Jurisprudence constante a rejeté plusieurs articles décidés par ce Concile, entr'autres les cinquième, sixième & onzième Canons de la même Session.

Nous ne reconnoissons pas comme lois, puisqu'elles n'ont pas été reçues ni publiées dans le Royaume, les décisions du Concile de Trente; mais nous citons ce Concile comme autorité.

En point de foi, il fait loi pour le Catholique François; parce qu'il n'a décidé aucun point de foi qui ne se trouvât dans les précédens Conciles reçus & publiés dans le Royaume.

En matière de discipline, il nous sert également d'autorité, lorsque ce qu'il enseigne n'est pas contraire, tant à la pratique de l'Eglise Gallicane & à ses libertés fondées sur les anciens Canons, qu'à la souveraineté de la Nation & au pouvoir dont son chef suprême est revêtu, en vertu des droits que tout Peuple a reçu du ciel, & que tout Prince tient par la convention qui lui donna le sceptre.

Dans tous les cas, où les canons de discipline de ce Concile sont opposés à la pureté de l'antique discipline, ou à l'exercice de la puissance temporelle; bien loin de l'admettre comme autorité, il n'y a pas eu une de ses décisions qui ait pu être soutenue dans une thèse ou dans un livre, sans que l'auteur de la première ait été rappelé à l'ordre, & que les seconds aient été supprimés ou condamnés au feu.

Et quoique ces poursuites aient été connues de la

Cour de Rome, les successeurs de saint Pierre n'ont pas moins reconnu, comme très-chrétiens, les Princes qui soutenoient leur autorité; comme Catholiques, les Théologiens qui combattoient les opinions adoptées par les Pères du Concile; comme fidèles les Officiers, des Cours qui condamnoient les thèses, les livres & leurs Auteurs.

L'article du décret de réformation qui regarde les mariages clandestins, & dans lequel il se trouve une contradition manifeste (1), a été de tout temps rejeté des Catholiques qui habitent la France; jamais notre jurisprudence n'a admis que les mariages clandestins fussent valides; bien loin de-là, on n'a jamais voulu reconnoître que le sacrement eût pu être valablement conféré aux parties qui avoient trouvé des Prêtres assez complaisans pour le leur conférer clandestinement par la raison que,

---

(1) « Quoiqu'on ne doive pas douter que les mariages clandestins faits par le conjointement libre des parties, ne soient » de bons & véritables mariages, toutes les fois que l'Eglise » ne les a pas déclaré nuls; que par conséquent on doive condamner comme le St. Concile le fait, & prononce anathême » contre ceux qui nient que ces mariages soient bons & valides, » & qui affirment faussement que les mariages contractés par les » enfans de famille, sans le consentement de leurs parens sont » nuls ou que les parens peuvent les rendre nuls ou valables; » cependant l'Eglise a toujours détesté & défendu ces mariages ». *prohibuit*, voilà le mot, qui fait le sujet d'une discussion entre M. de Rastignac & moi, page 190 des précédentes observations; s'il veut entendre ici le mot *prohibuit*, comme il l'explique ailleurs, la contradition sera palpable: déclarer bons les mariages clandestins, tant que l'Eglise ne les a pas annullés, & dire ensuite qu'elle les a toujours défendus, quoiqu'ils fussent bons, en est une assez forte ce me semble: si par le mot *prohibuit*, M. de Rastignac n'entend ici qu'une désapprobation, un conseil de n'en point user, la contradiction sera moins forte; mais pourquoi changeroit-il la valeur de ce mot, à son gré? La contradiction alors seroit personnelle.

lorſqu'il n'exiſte pas de contrat civil, il n'y a pas de matière au ſacrement de mariage.

Jamais on n'a cru en France qu'il appartenoit à l'Egliſe ſeule de fixer les empêchemens dirimans, quoique le quatrième Canon le décide ainſi ſous peine d'anathème.

Jamais on n'eût admis que la profeſſion monaſtique d'un ſeul époux rompît un mariage valablement contracté, quoique le ſixième Canon le porte expreſſément.

Jamais on n'a cru que la connoiſſance des cauſes matrimoniales appartenoit aux Evêques; ſi ce n'eſt en vertu de la conceſſion, que leur en a accordé le pouvoir légiſlatif civil, conceſſion toujours révocable; & cependant le onzième Canon anathématiſe ceux qui croient que ces cauſes n'appartiennent pas aux Juges eccléſiaſtiques.

Or, ſi on remarque que ces Canons ſont précis, qu'ils ſont exprimés d'une manière bien plus forte que ne l'eſt le contenu au ſeptième Canon; que ce dernier ne condamne pas ceux qui diſent que le mariage peut être diſſous par l'adultère; mais ſeulement ceux qui, comme les Proteſtans, diſent que l'Egliſe erre, quand elle enſeigne, &c.

Il réſultera, 1°. que ce Canon n'ayant été décrété, en ces termes extraordinaires, que pour ne pas condamner l'uſage contraire des Grecs Catholiques, cet objet n'a pu être regardé comme de foi.

2°. Que ſi nous croions ce Canon dogmatique, il ſeroit ridicule de l'admettre comme un point de foi & de ne pas admettre les quatrième, ſixième & onzième Canons, bien plus fortement exprimés.

3°. Que, quand nous croirions qu'il eſt de foi que le mariage ne peut pas ſe diſſoudre par l'adultère, malgré les Apôtres, malgré la croyance univerſelle de l'Egliſe pendant douze ſiècles, nous ne ſerions pas Catholiques, dès que nous n'admettons pas & la validité des mariages clandeſtins & la juriſdiction que le Concile s'arroge ſur ces contrats : nous ne ferions pas Catholiques dès que nous rejettons les trois Canons dont nous venons de parler.

Or, si cela étoit, nous aurions le malheur d'errer sur plusieurs articles de foi relatifs au seul mariage ; mais il résulteroit de-là un bien plus grand mal ; car le saint Siège, qui nous reconnoît, malgré cela, comme Catholiques, eût prévariqué : l'Espagne, le Portugal, toute l'Italie, l'Allemagne, les Pays-bas, &c., qui ont reçu & fait publier le Concile de Trente, & qui suivent comme loi ces Canons que nous ne voulons pas reconnoître, auroient donc communiqué pendant trois siècles, avec des Schismatiques, des Hérétiques déclarés ; toute l'Eglise eût donc toléré sciemment notre hérésie ; cela peut-il se supposer ?

Si on admet que nous sommes Catholiques, quoique nous rejettions expressément ces canons ; quoique nous n'ayons voulu, ni recevoir, ni publier ce Concile : quoique nous soutenions opiniâtrément le contraire de ce qu'il prescrit dans les canons indiqués ci-dessus, & dans le décret relatif à la clandestinité des noces, il faut alors convenir que cet article n'est que de discipline ; & que toute l'Eglise, qui communique avec nous, est d'accord sur ce qu'elle n'oblige pas les Peuples, qui n'ont pas reçu les canons qui l'établissent.

Mais, il paroîtra toujours bien singulier que les anti-divorciaires veulent choisir un canon intermédiaire pour nous forcer de l'adopter, que ce Canon soit précisément le moins clairement exprimé, & que, par un excès de charité, ils veulent bien ne pas nous damner pour n'avoir pas admis les canons antérieurs & suivans exprimés d'une manière bien plus dogmatique ; quoiqu'ils nous dévouent aux peines éternelles, pour ne pas vouloir admettre celui qui leur plaît davantage : *risum teneatis amici.*

Article second.

Le canon du Concile de Trente, qu'oppoſent les anti-divorciaires, ne peut être regardé comme obligatoire pour les François catholiques, en conſidérant ce qu'il contient d'après les limites des deux puiſſances clairement marquées dans l'Evangile.

On ſoutient en France comme une des vérités que Jéſus-Chriſt a confiée à ſon Egliſe, *que les Rois & les Princes ne ſont point ſoumis, pour leur temporel, à la puiſſance eccléſiaſtique & qu'ils ne peuvent être dépoſés directement ni indirectement par l'autorité des chefs de l'Egliſe, ni leurs ſujets exemptés de la fidélité & de l'obéiſſance qu'ils leur doivent.* Article premier de la déclaration du Clergé de France, donnée le 19 Mars 1682.

Il ſuffit de connoître ce qu'eſt le mariage & le pouvoir du Souverain ſur ce contrat, pour ſentir que l'autorité de l'Egliſe ne s'étend pas plus, ſur le mariage, que ſur les autres contrats civils & pour conclure que M. l'abbé de Barruel a oublié les vrais principes ſur cette matière, lorſqu'il a voulu rejeter ceux qu'ont adoptés les membres des Comités eccléſiaſtique & de conſtitution.

Il eſt certain que c'eſt à la puiſſance temporelle à déterminer ce qui eſt néceſſaire pour valider un contrat, *& que les règles eccléſiaſtiques ne peuvent ni ôter ni donner les titres & les droits d'époux & d'enfans légitimes.* Je ſuis fâché que cette conſéquence ne paroiſſe pas juſte à M. de Barruel ; je ſuis fâché que la qualité de Docteur-janſéniſte qu'il donne à M. de Launoy, lui ſemble un titré ſuffiſant pour rejeter ce que cet Auteur a écrit de ſage ſur cette matière ; mais la vérité du principe n'en ſera pas moins inconteſtable.

Je demande à M. de Barruel s'il est réellement persuadé du contraire, la permission de lui faire quelques observations.

Le premier Divorce de Henri VIII, Roi d'Angleterre, est un péché très-grave aux yeux de tout Catholique; car ce Prince ne donna pour motif de son Divorce, ni l'adultère de son épouse, ni aucune des fautes graves contre la chasteté conjugale dont il est question dans saint Matthieu; mais, quelque vicieux, quelqu'irrégulier qu'ait été ce Divorce, quoiqu'aux yeux de Dieu & de ses fidèles, le mariage qui l'a suivi ait dû être regardé au for de la conscience comme un crime; je ne crois pas qu'il existe un Théologien françois qui puisse dire qu'Elisabeth, sa fille, ait été batarde. Paul IV, en 1558, se plaignit avec hauteur à son Ambassadeur de ce que cette princesse montoit, sans le consentement de la Cour de Rome sur un trône qui étoit un des fiefs du Saint-Siége, & qui d'ailleurs ne lui appartenoit pas, étant batarde. Qu'on remarque ici qu'il prétend joindre la qualité de suzérain, à celle de Pape; & que c'est à l'ombre de cette première, toute temporelle, qu'il se permet cette injure. Il lui déclara, en même temps, que le seul parti qu'elle eût à prendre, étoit de renoncer à toutes ses prétentions pour s'en rapporter à ce qu'il en ordonneroit. A cette morgue anti-chrétienne, à cette proposition ridicule, à cette insulte téméraire, appuyées en 1570, par une bulle d'excommunication, Elisabeth répondit, par des loix qui portèrent la peine de mort contre les Catholiques, & qui firent régner le Calvinisme : voilà comment les prétentions erronées des Papes ont servi la Religion.

Henri IV étoit-il batard, ainsi que tous les Princes, dont les Pères errans dans la foi, n'avoient pu recevoir la bénédiction de l'Eglise, lors de leur mariage? Si M. de Barruel se trouve forcé de répondre, *oui*, d'après les principes qu'il a posés, il n'est personne de sage qui ne puiſſe dire avec moi que ſes prétendus principes conduiſent à l'erreur : s'il répond, avec tous les François, que ces Princes n'étoient pas batards, ſes principes ſont donc faux. Mais, quel que ſoit le parti qu'il adopte, il ne pourra s'empêcher de reconnoître que la ſociété a des droits ſacrés ſur l'union des citoyens, au moyen du mariage; ou il faudra qu'il convienne qu'elle n'en a point pour empêcher d'épouſer ſa ſœur, pour réduire à un ſeul le nombre des époux, & à une ſeule le nombre des femmes; il ſera forcé d'avouer que la ſociété n'a pas le droit d'interdire au Juif d'épouſer la veuve de ſon frère, quoiqu'il ait une femme; enfin, il n'y aura aucune des choſes tolérées par le droit naturel, permiſe par une loi religieuſe, toujours ſainte aux yeux de celui qui la pratique, ordonnée par la loi de Moïſe, au peuple choiſi de Dieu, loi que nous ne pouvons pas ne point reſpecter; il n'y aura, dis-je, aucune de ces choſes quelqu'abſurde qu'elle ſoit, quelque ridicule qu'elle nous paroiſſe, que l'autorité civile puiſſe défendre; car, il n'eſt aucun ſectaire, ſoit Proteſtant, ſoit Mahométan, ſoit Idolâtre, qui ne puiſſe ſe ſervir des argumens que M. de Barruel emploie; cette propoſition deviendra plus ſenſible encore, en ſuivant pas à pas les raiſonnemens qui ſe trouvent dans ſa brochure.

---

§. Ier.

Le mariage consiste dans un contrat.

« Lorsqu'il n'y avoit encore, dans le monde, ni Lois, » ni Magistrats, ni Municipalités, ni Hôtel-de-ville, » on étoit aussi bien marié qu'on a pu l'être trois ou » quatre mille ans après la création ou le déluge » *vrais principes du Mariage*, pag. 9.

Je conviens de cette vérité; & si M. de Barruel en est aussi persuadé que moi, il me permettra de lui dire, « lorsqu'il n'y avoit encore ni Prêtres pour bénir les » mariages, ni Evangile qui nous eût annoncé que J. C. » avoit élevé le mariage à la dignité de sacrement, on » étoit aussi bien marié qu'on a pu l'être au dix-huitième » siècle; » ce que cet Auteur nous oppose pour nous montrer que le mariage ne consiste pas dans le contrat civil, nous prouve également qu'il ne consiste pas dans le sacrement. Or, le raisonnement est faux dès qu'il peut nous conduire à l'erreur.

Le mariage est un contrat de droit naturel par lequel un homme s'unit à une femme pour vivre avec elle, créer des enfans & veiller à leur éducation.

Ce contrat n'est devenu civil que parce que les lois, convenues entre les hommes, dont la société forme une nation, ont eu pour but d'établir des règles pour leur tranquillité; ce contrat civil, né du consentement des parties, a donc apporté des bornes à la latitude que le droit naturel accordoit à l'homme.

Jacob épousa deux femmes, il les eut à-la-fois, & elles étoient sœurs; l'Ecriture, qui nous transmet ce fait, ne nous dit pas qu'il ait péché contre la loi naturelle par cette polygamie incestueuse; si la polygamie est un crime, si l'inceste en est un, ni l'un ni l'autre ne l'étoient donc alors, puiſque l'Ecriture ne condamne pas Jacob qui n'avoit à ſuivre que la loi naturelle.

Abraham eut un fils d'Agar, quoique Sara fût ſon épouſe; cette infidélité ne lui fut point reprochée, ni par Sara qui y avoit conſenti, ni par Dieu même qui prit ſoin d'Iſmaël, & lui donna une poſtérité plus nombreuſe qu'à ſon frère.

Si la poſſibilité d'avoir deux ou pluſieurs épouſes vivantes; celle d'épouſer les deux ſœurs à-la-fois; celle d'avoir une femme & des concubines n'étoient pas regardées comme contraires au droit naturel, & que différens peuples ayant cependant cru qu'il étoit plus conforme à ce droit de n'avoir qu'une épouſe, &c., les lois civiles qui l'ont ordonné ainſi; celles qui ont défendu d'épouſer les deux ſœurs; celles qui ont interdit l'uſage des concubines, chez des peuples qui ne ſuivirent point les lois de Moïſe, & avant que la Religion chrétienne exiſtât, ces lois, dis-je, ont été portées avec raiſon, & il s'enſuivra néceſſairement que la force civile, cette loi créée par le conſentement général, qui met des bornes au droit naturel, gêna la liberté de l'homme ſur le contat de mariage comme il l'a gêné ſur tous les autres.

Sans le contrat civil, il n'exiſte pas plus de mariage, dans une Nation policée, que, ſans le teſtament, il n'exiſte de donation, après la mort; que ſans l'acte du don, il n'exiſte de donation entre vifs; & certes, ſans les conventions qui donnent une forme à ces actes, la poſſibilité de donner exiſtoit par le droit naturel, autant que la poſſibilité de ſe marier; on ne peut donc de ce que le contrat de mariage étoit de droit naturel, en conclure qu'il ne ſoit pas devenu un contrat civil.

Je paſſe à la diſtinction que M. Barruel fait entre la diſpoſition des choſes étrangères au fond du mariage & la diſpoſition des perſonnes qui en eſt la baſe, & pour mieux dire la ſeule condition eſſentielle.

La diſpoſition des choſes, qui concerne la fortune des

époux, eſt de l'aveu de tout le monde un effet du contrat civil.

Nous venons de voir, dans l'inſtant, combien il y avoit peu de différence entre les contrats de mariage & ceux de donation, que les uns & les autres découloient du droit naturel, & que le droit civil n'avoit fait que fixer le mode néceſſaire pour atteſter leur exiſtence.

Mais remarquons ici que la diſpoſition des perſonnes eſt le premier but de la ſociété : ce ne fut pas la propriété que les hommes conſidérèrent pour ſentir le beſoin qu'ils avoient de ſe réunir, leur ſureté les intéreſſoit plus que leurs richeſſes.

Le droit naturel laiſſoit à l'homme libre & roi de lui-même le droit de venger ſon injure, de défendre ſa perſonne & ſes biens, de faire réparer le tort qu'on avoit fait à ſes propriétés : ce que nous avons appelé depuis aſſaſſinat, ce que nous avons décoré du nom de duel, étoit la ſuite néceſſaire de cet état. C'étoit moins, pour fixer la manière de diſpoſer des choſes que celle de diſpoſer des perſonnes que l'ordre civil fut formé. Caïn ne tua pas ſon frère pour s'emparer de ſes propriétés; mais par un motif de jalouſie de ce que ſes troupeaux proſpéroient mieux, de ce que ſes récoltes étoient plus abondantes; enfin Abel fut aſſaſſiné non parce qu'il étoit le plus riche, mais parce qu'il étoit le plus juſte, le plus pieux & le plus heureux.

Un homme reprenoit ce qui lui avoit été enlevé par la force, & il puniſſoit de mort le voleur qui défendoit ſa conquête; ou bientôt il étoit aſſaſſiné par celui qui trouvoit mauvais qu'on l'eût privé du fruit de ſa violence ou de ſa coupable induſtrie.

Un homme trouvoit belle la femme d'un autre homme : il vouloit la poſſéder; & la mort de l'époux qui en prenoit la défenſe, étoit le ſeul moyen de la conquérir.

Ce fut pour mettre un frein à ces meurtres; ce fut pour ôter aux particuliers la possibilité de les commettre que la force publique fut établie ; ce fut donc bien davantage pour faire des conventions sur la disposition des personnes que sur celles des choses, que le consentement général créa des lois.

A considérer le mariage, comme un contrat naturel, il en résulte que ce contrat étoit rompu toutes les fois que les conditions n'étoient pas remplies; une femme promettoit fidélité & complaisance, un homme promettoit fidélité & protection ; le mari chassoit sa femme, & cette femme étoit recueillie; la femme quittoit son mari & trouvoit un nouveau protecteur : des tiers n'étoient pas plus les juges des querelles domestiques que de celles qui naissoient entre voisins : chacun étoit son propre Juge, pouvoit fuir le danger qui le menaçoit ou le prévenir, faire justice ou faire grace ; & la femme avoit autant de droits que son mari, pour décider si elle devoit, ou non, quitter le ménage dans lequel on avoit promis de la rendre heureuse & dans lequel on la rendoit esclave.

Les enfans étoient dans la même situation que la femme : ils étoient absolument juges des torts que leurs parens avoient envers eux ; ils les aidoient & les soulageoient ou les abandonnoient, ainsi qu'ils le jugeoient convenable.

Les abus qui résultoient de cette manière de vivre firent sentir enfin que, comme il existoit souvent des circonstances où les passions des hommes leur faisoient perdre de vue l'équité naturelle, il falloit qu'une autorité protectrice les y rappellât ; cette autorité ne put le faire qu en soumettant les contrats à des formes qui ôtèrent la libre disposition des personnes & des choses aux particuliers, pour les confier à une puissance publique ; celle-ci fut chargée de veiller à la *sureté* des personnes & à la *propriété* des choses ; ce fut elle qui eut seule la disposition des personnes & le contrat de mariage, qui n'étoit que la convention par laquelle les époux se donnoient eux-mêmes, acquéroient les droits l'un sur l'autre & sur les enfans qu'ils procréoient, se soumettoient à des devoirs respectifs, devint un contrat civil, quoique naturel dans son origine.

La nouvelle loi put élever ce contrat à la dignité de sacrement: elle ne changea rien à son essence; Jésus-Christ ne divisa point les mariages faits d'après les lois des nations, il les sanctifia; mais il ne sanctifia que ceux qui n'étoient pas rompus : le sacrement ne peut exister sans le mariage : mais le mariage peut exister seul ; d'où il résulte qu'où il n'y a pas de mariage, il n'y a point de sacrement, & que le mariage peut exister sans le sacrement.

C'est d'après ce principe évidemment constant que nos Cours ont déclaré nuls au civil, & par conséquent non-valablement contractés au spirituel les unions bénies par un Prêtre, lorsque les formalités légales n'avoient pas été remplies; & jamais l'Eglise Gallicane n'a prétendu que nos Cours étoient dans l'erreur en jugeant ainsi, d'où il résulte qu'au Souverain seul appartient le droit de créer des empêchemens dirimans du mariage.

§. II.

Le pouvoir du Souverain d'appoſer au mariage des empêchemens dirimans, ſans bleſſer les droits de l'homme, ne peut pas être douteux, ſoit aux yeux du Philoſophe, ſoit à ceux du Théologien.

Si l'Egliſe prétend avoir le droit de créer des règles de diſcipline, par leſquelles elle annulle ces contrats qui, ſans bleſſer la loi divine, ſans offenſer la loi naturelle, ſont pourtant ſujettes à quelques inconvéniens pour le Chrétien; pourquoi l'autorité ſouveraine n'auroit-elle pas la même prétention? elle y ſeroit infiniment plus fondée; le mariage clandeſtin, cette union légitime aux yeux du droit naturel; cette union, bien plus précieuſe aux yeux de la raiſon, que ces mariages extorqués par la tyrannie des parens, puiſque le conſentement libre eſt la première condition requiſe pour le contracter; cette union, dis-je, ne rend pas le mariage nul, ſuivant le Concile de Trente; & cependant, ce même Concile déclare nuls ceux qui ſe feront à l'avenir; ſi ces mariages n'étoient pas nuls, s'ils n'offenſoient pas plus le droit naturel que la Religion, pourquoi les déclarer nuls pour l'avenir? & pour peu que le Concile ait eu, non pas le droit, car je ne puis, comme Juriſconſulte françois, le lui reconnoître, mais raiſon de les défendre à peine de nullité; je demanderai comment un Théologien ou un Philoſophe pourroient nier à la puiſſance civile le droit d'établir des empêchemens qui annulleroient ces unions?

Quoi, dirai-je au Théologien, ce mariage clandeſtin, qui ne bleſſe ni le droit naturel ni la Religion, peut être déclaré nul par l'Egliſe, & quoiqu'il bleſſe les intérêts de la ſociété civile, la puiſſance ſouveraine eſt la ſeule à laquelle vous refusez le droit d'opposer des empêchemens ; tandis qu'elle avoit ce droit avant l'établissement de la Religion chrétienne ; & que nous ne voyons point, qu'en disant, à ses disciples, soyez soumis aux puissances, Jésus ait dit, ajouté, excepté dans les lois du mariage. Le Chrétien, qui suit sa sainte loi, doit ne pas se permettre tout ce que la loi du pays qu'il habite, tolère ; mais il ne doit rien faire de contraire à cette loi, lorsque ce qu'elle lui ordonne n'est contraire, ni à la loi divine ni à la loi naturelle : or les empêchemens dirimans, apposés par la puissance civile, ne sont pas plus contraires à la loi naturelle, que ne le sont ceux que les Prélats de l'assemblée de Trente ont prétendu que l'Eglise avoit le droit d'apposer : ils ne le sont pas davantage à la loi divine ; car elle ne veut pas qu'on force de se marier à tels individus ; mais elle permet d'apposer des empêchemens à certains mariages, où les Pères du Concile de Trente ont erré en le croyant possible (1).

Après avoir répondu au Théologien, je laisserai parler le véritable Philosophe, fort étonné de ce que M. de Barruel le fait douter d'un principe incontestable, ce Philosophe nous dira : « je reconnois que la puissance civile a le droit d'établir des empêchemens dirimans le mariage ; il est à desirer qu'elle ne fasse pas de lois diamétralement opposées à la loi naturelle ; il est sur-tout bon que les principes d'une Religion qui, quelque vrais qu'ils soient, ne paroissent que des erreurs à ceux qui ne la professent pas, ne portent pas une nation à défendre aux non-Conformistes, ce que la loi naturelle ne leur dé-pas.

---

(1) Je ne parle point de l'erreur qu'ils ont commise en accordant à la seule Eglise le droit d'apposer ces empêchemens.

Mais cette loi naturelle a été changée par les lois civiles sur une infinité de points ; & lorsqu'une fois un principe est devenu national, quoiqu'il ne dérive pas du droit naturel, il faut le reconnoître & s'y soumettre ou changer de patrie ; cette vérité est sur-tout sensible pour le mariage dans les cas suivans.

Il étoit de principe naturel, au commencement du monde & après le déluge, qu'on pouvoit épouser son frère ou sa sœur ; les fils d'Adam & ceux de Noé n'eurent pas d'autres épouses que leurs sœurs ; s'il arrivoit qu'un François eût ce goût, & que pénétré de la Religion naturelle, telle qu'elle est expliquée à la Chine, il voulût satisfaire ce goût dont nos mœurs ont fait un crime, je dirois à ces Cœlicoles ; « respectez les lois du pays qui vous a » vu naître ; mais si vous ne pouvez résister à un penchant, » condamné par les lois civiles du Royaume, allez ha- » biter Peckin ».

Si on décrète que les Juifs, devenus citoyens françois, ne pourront plus épouser les veuves de leurs frères, & que quelques-uns d'eux veuillent suivre cet usage, autorisé par la loi naturelle & plus encore la loi divine, qu'ils reçurent sur le mont Oreb, je leur dirai ; « allez chercher » une contrée où cette faculté, qui ne répugne pas plus » à la nature qu'à la loi de Moïse, vous soit permise ».

S'il existoit des hommes, en France, qui crussent que la polygamie est de droit naturel, & qui, à l'exemple de Jacob, & de plusieurs autres Patriarches, voulussent avoir en même-temps plusieurs épouses, je leur dirois, » je crois, que l'égalité des sexes est dans la nature ; mais » puisque, fondés sur l'exemple de ces hommes que l'histoire » & la religion nous rendent respectables, vous expliquez » la loi naturelle d'une manière contraire, non seulement à » mon opinion, mais à la loi des François, allez habiter » ces terres étrangères où la polygamie est permise ; & » comme je crois à l'égalité des sexes, je proposerai aux » femmes, qui ont vos goûts, d'aller épouser sept noirs ».

Voilà, ſans doute, ce que dira le véritable Philoſophe : s'il eſt Chrétien, il fera des vœux pour la converſion de ceux qui le conſulteront ; mais qu'il le ſoit ou non, il ne pourra, comme citoyen, leur donner d'autres avis, toutes les fois où il fera abſtraction de ſes ſentimens religieux ; or, ce n'eſt pas eux qu'on conſulte pour ſavoir, ſi les puiſſances peuvent ou non appoſer des empêchemens dirimans ; mais dans ce cas, il diroit encore, » pratiquez les lois civiles en tout ce que ne défendent pas » les lois de votre Religion ».

M. de Barruel prétend, page 17, que, lorſque l'autorité civile a étendu les obſtacles & les empêchemens, elle a pu devenir réprimante, mais jamais dirimante ; qu'elle n'a point produit de nullité réelle ſur le contrat naturel ; que l'opinion n'a pas même ſecondé ſon empire ; qu'on a laiſſé le Prince diſpoſer des fortunes ; mais que, dans toutes nos régions catholiques, on a regardé le lien que le Prince étoit ſeul à proſcrire, comme ayant toute ſa force, dans le for des conſciences : on n'a point regardé l'union comme rompue, au point d'en contracter une nouvelle, que les Tribunaux eux-mêmes n'autorisèrent pas cette ſeconde union.

Mais cet Auteur qui affecte d'accoller, page 20, le vertueux de Launoy, le Rapporteur du Comité & le Comité lui-même, avec Luther, & pourquoi ? pour révolter ceux des bons Catholiques qui ayant ouï dire que Luther étoit un héréſiarque, penſeront qu'un tel homme n'a pas pu établir une vérité, & crieront à l'impiété dès qu'il plaira à M. de Baruel & adhérens d'emboucher la trompette de la rebellion & du fanatiſme. Cet Auteur, qui voudroit mettre les couronnes & les peuples, ſous les pieds de celui qui porte la thiare, n'a pas obſervé que, dans ce peu de lignes, il n'exiſtoit pas un mot de vérité.

Comment l'autorité civile ſeroit-elle devenue *réprimante*, ſans

ſans devenir *dirimante ?* on ne réprime tous les actes qui bleſſent l'autorité ſouveraine, qu'en les puniſſant ou en les annullant : la punition peut diminuer le nombre des coupables ; mais, en matière de mariages clandeſtins, on a déclaré qu'ils ne pourroient pas être valablement contractés ; on a jugé, d'après ces lois, qu'ils étoient nuls : & l'autorité ſouveraine, n'ayant pas de moyens d'arrêter les mariages de cette eſpèce, ſans empêcher qu'ils n'euſſent lieu, elle n'a pu être réellement *réprimante* ſans être *dirimante*.

Nous avons vu que le contrat naturel ne pouvoit exiſter en matière de mariage, comme en tout autre, ſans que le contrat civil vînt le corroborer & aſſurer de l'exiſtence du premier. Toutes les fois qu'on annulle, au nom de la loi, un acte de ma volonté, cela n'empêche pas que l'acte naturel de cette volonté n'ait exiſté & ne ſubſiſte encore : le don eſt indépendant des formes ; mais il ne peut avoir d'effet, ſi la donation n'eſt pas en règle : la volonté d'habiter enſemble, la foi qu'on s'en donne, forment le contrat naturel ; or, combien de liaiſons formées ainſi, quelque naturelles qu'elles puiſſent être, ne ſont pas regardées comme des mariages aux yeux de l'Egliſe ou de l'Etat : rien cependant n'y manque aux yeux du droit naturel. Le conſentement d'un amant & de ſa maîtreſſe, eſt parfaitement libre, le droit naturel qu'ils acquièrent, reſpectivement ſur leurs perſonnes, par ce conſentement mutuel, eſt bien l'eſſence du mariage naturel, ſur-tout, ſi le deſir de vivre éternellement enſemble pour élever leurs enfans en eſt une ſuite ; cependant l'Egliſe traite de ſtupre & de fornication, une pareille union ; & elle ne trouve pas mauvais, quelque naturelle que cette union ſoit, que les lois civiles viennent à l'appui de ſes déciſions, pour rompre ces prétendus mariages. Quoi ! M. de Barruel veut que le mariage tire toute ſa force de ce contrat naturel, il ne veut pas que ce ſoit un contrat civil ; & cependant ces premiers mariages, qui ſont en entier dans la nature, ſont réprouvés & anéantis, & par l'Egliſe qu'il prétend defendre & par l'Etat, dont il se permet d'attaquer l'autorité.

On a laissé, dit-il, le Prince disposer des fortunes; eh! de quel droit? si le contrat naturel qu'il vouloit reprimer n'étoit pas condamnable & contraire à l'intérêt de la société, on a laissé commettre des actes de tyrannie; si, au contraire, ces mariages étoient nuisibles à la tranquillité de l'Etat ou au bon ordre, on n'a pu lui nier la puissance de rompre des engagemens nuls de droit; & il n'a pu disposer des fortunes que par une suite nécessaire de ce qu'il avoit le droit d'empêcher la disposition des personnes.

Jamais on n'a pu regarder, comme le prétend M. de Barruel, le lien que le Prince étoit seul à proscrire, comme ayant toute sa force dans le for des consciences, qu'en admettant la confusion des deux puissances; erreur favorisée & prêchée par les Papes pour accroître leur pouvoir; mais rejetée avec force par tous les Ecclesiastiques raisonnables & par tous ceux de la véritable Eglise Gallicane; on n'eût pu supposer que le lien proscrit par la loi civile, n'étoit pas rompu, qu'à raison du sacrement: or toute personne sensée, tout théologien, *non ultramontain*, conviendra qu'où il n'existe pas de mariage, il n'y a point de sacrement de mariage, parce que l'Eglise, en suivant la divine institution de Jésus-Christ, ne peut sanctifier ce qui n'existe pas.

Je ne sais où M. de Barruel a trouvé des preuves & de ce qu'on n'a point regardé une telle union comme rompue au point d'en contracter une nouvelle, lorsque l'autorité publique l'avoit declaré nulle; & de ce que les Tribunaux eux-mêmes n'autorisèrent pas cette seconde union: on a regardé comme n'étant pas, comme n'ayant jamais existé, les unions qu'on déclaroit non-valablement contractées: on a fait défenses aux parties de se hanter, ni fréquenter; plusieurs des prétendus époux, contre l'union desquelles avoient été prononcés de pareils jugemens, en ont contracté de postérieurs; & je réserve une longue série de semblables mariages, tirés des Causes célèbres, pour détruire cette assertion de M. Barruel, s'il ose la soutenir de nouveau.

---

§. III.

L'autorité de l'Eglise, sur le lien conjugal & le pouvoir, qu'elle a prétendu avoir, d'établir des empêchemens dirimans du mariage, ne sont nullement reconnus en France, tels que l'explique M. de Barruel.

Sans contredit, l'Eglise a une autorité sur le mariage des Catholiques, telle qu'elle en a une sur tous les autres contrats ou actes de leur vie.

Dieu institua le mariage dès le commencement, c'est une vérité incontestable; il ne l'établit pas sous l'autorité des Prêtres, comme l'insinue M. de Barruel, mais sous la garde de la loi naturelle.

L'encens peut fumer sur l'autel du Romain & du Barbare pour les cérémonies des noces, sans que cela prouve rien de ce que cet Auteur veut qu'on en infère. Les cérémonies que la plupart des peuples instituèrent, lors de la naissance de leur fils, lors de la mort de leur père, lors d'une victoire remportée, ne prouvent pas que la naissance & la mort, aient été laissées au pouvoir & sous l'autorité des Prêtres, ni que les dépouilles sanglantes d'ennemis égorgés, soient une offrande agréable aux yeux du Père commun des vainqueurs & des vaincus : cette conformité générale des usages des peuples, prouve seulement que, de tout temps, on a remercié l'Eternel de n'avoir pas été tué, qu'on l'a regardé comme l'auteur de la vie & de la mort, & qu'on l'a prié dans toutes les nations, lors des actes qui, comme le mariage, peuvent le plus influer ſur le bonheur des hommes.

Si les cérémonies religieuſes étoient jointes aux actes publics, chez preſque toutes les nations, qu'on ſe rappelle que chez toutes, à commencer par celle des Juifs, la Religion étoit nationale; & que ſi le véritable Dieu ſe fit connoître aux Iſraëlites, & leur donna une loi particulière, chacune des autres nations s'en fit qui étoient à elle, & que n'adoroient pas ſes voiſins; la tolérance, dans ces nations non privilégiées, étoit cependant telle que l'adorateur d'Iſis aſſiſtoit aux noces qui ſe célébroient à Rome, ſous la protection de Diane; tolérance qu'on ne retrouve pas dans les différentes ſectes qui partagent la même Religion.

Les Prêtres ne ſe mêloient point de faire fumer l'encens pour des mariages défendus par la loi civile; & ils ne prétendoient point avoir le droit de lier les époux; le conſentement mutuel les uniſſoit ſous le ſceau de la loi, & on prioit le ciel de rendre cette union heureuſe & durable.

Jéſus-Chriſt éleva le mariage à la dignité de ſacrement; mais il ne donna pas à ſes Apôtres le droit de faire les mariages, le conſentement libre & mutuel continua de les former; il eſt même fort incertain, parmi les Catholiques, ſi l'intervention du Prêtre eſt abſolument néceſſaire pour adminiſtrer ce ſacrement, & ſi, préſent, il eſt le Miniſtre qui accorde cette grace, ou ſi la volonté des époux ne ſuffit pas pour l'obtenir du ciel même.

On adoptera volontiers cette dernière opinion, ſi on conſidère que, pendant pluſieurs années, entre deux parties dont l'une étoit infidèle & l'autre chrétienne, ou même entre deux parties toutes deux chrétiennes, il a exiſté des mariages dont le Prêtre n'avoit pas été le Miniſtre; or, on ne dira pas que le ſacrement manqua aux derniers, & même aux premiers, à l'égard de la partie chrétienne; auſſi l'Egliſe a-t-elle reconnu les uns & les autres comme légitimes & parfaitement en règle. Jéſus ne dit pas de conférer le ſacrement aux mariages déjà faits, la préſence du Prêtre n'étoit donc pas néceſſaire pour que le ſacrement exiſtât; & ſi la bénédiction n'eſt pas abſolument & ſtrictement néceſſaire, il faut que le Prêtre ne ſoit pas néceſſairement le Miniſtre de ce ſacrement.

Jéſus ne changea pas les lois des nations relatives au mariage, il ſanctifia ce lien naturel qui n'exiſte aux yeux de la ſociété, que lorſqu'il eſt revêtu des formes civiles & ſur lequel l'Egliſe n'a nulle autorité temporelle. S'agit-il d'un mariage non contracté? L'Egliſe peut défendre ſous les peines canoniques, d'épouſer une femme, lorſqu'on a promis ſa foi à une autre, & de rompre de cette manière le contrat naturel, comme elle défend à ſes enfans de promettre & de ne pas tenir toute choſe non condamnable en ſoi; elle a dû défendre également, par voie de conſeil, de ſe décider à une union par la vue d'intérêts temporels ou par le ſeul deſir de ſatisfaire ſa volupté. Le mariage eſt-il célébré, elle tonnera avec raiſon, contre les Chrétiens qui répudient leurs femmes non adultères, contre les femmes qui font divorce avec leurs époux non coupables, contre ceux qui vivent mal dans leur ménage, &c. &c.; mais elle n'a pas l'autorité d'empêcher les unions qui ne ſont contraires, ni à la loi naturelle ni à la loi civile; elle n'a pas le droit de valider celles qui ſeroient contraires à l'une & à l'autre de ces lois, & les empêchemens dirimans qu'elle peut établir comme des points de diſcipline, ne peuvent ni rompre le contrat de mariage, une fois formé, ni empêcher qu'on ne le forme. Le Chrétien pourra être coupable aux yeux de Dieu, s'il n'écoute pas les conſeils de ſes Paſteurs, s'il ne ſuit pas les lois de diſcipline reçues & publiées; mais ſa faute n'annullera pas ſon contrat; de la même manière que l'uſure cachée ſous le voile d'un contrat, & condamnée par l'Egliſe, n'annullera pas le prêt atteſté par les parties & par l'officier public.

Les empêchemens dirimans, établis par le Souverain, au contraire, frappent de nullité les mariages faits en fraude de la loi, & la nullité est telle, que toutes les formalités de l'Eglise ne peuvent y suppléer : tout mariage contracté, malgré les lois civiles, est non valablement contracté. Tout mariage non valablement contracté est nul ; voilà ce qu'ont toujours soutenu nos Jurisconsultes, ce qu'ont toujours jugé nos Magistrats, sans que l'Eglise ait pu le trouver mauvais ; car le sacrement institué pour bénir le mariage, ne l'a pas été pour bénir ce qui n'étoit pas & ne pouvoit être un mariage (1).

M. de Barruel prétend que les Princes ont fait de vains efforts pour obtenir du Concile de Trente, l'établissement d'un nouvel empêchement; & cet empêchement étoit le défaut de consentement des parens.

Les seuls Princes, dans les Etats desquels cet empêchement dirimant étoit établi, sollicitèrent le Concile de l'admettre, & le Concile fit sagement de le rejetter ; ce n'est point le consentement des parens qui est nécessaire pour la validité du mariage chez toutes les nations : c'est une loi particulière à la France & à quelques Etats ; hors, à quoi bon rendre générale une défense de ce genre; à quoi bon imposer aux Catholiques des autres Etats un nouveau joug, qu'ils eussent été les maîtres de ne pas adopter.

Les Princes qui sollicitoient cette décision ne le faisoient pas pour que cet empêchement existât, mais pour que l'autorité ecclésiastique, de concert avec l'autorité civile, empêchât la nature de réclamer contre une loi souvent tyrannique, & que les préjugés seuls avoient intérêt de soutenir ; & quels préjugés encore, ceux qui devoient leur origine au régime féodal & à la chimère des noms !

Mais il est faux que Henri III, Louis XIII &

---

(1) *Certe sacramentum consequitur ad matrimonium, sed verum & Christianum matrimonium, ità ut quod non sit matrimonium consequenter nec sit sacramentum.* Despense *de clandestinis matrimoniis*, chap. XV, pag. 651.

Louis XIV n'aient pas réussi à ériger cet empêchement : ils ne l'ont que trop bien établi. Tandis que les Magistrats ne déclaroient pas nuls ces liens que l'autorité despotique des Pères avoit créés, en extorquant de leurs enfans, un consentement qui n'existoit pas; les Cours déclaroient que des mariages n'avoient pas été valablement contractés par des enfans, sans le consentement de leurs parens: elles assuroient par leurs arrêts que le sacrement n'avoit pu légitimer une union nulle d'après la loi : elles faisoient défenses aux parties de se fréquenter; & l'Eglise a plus d'une fois reconnu la légitimité de ces arrêts, en bénissant les nouvelles unions, auxquelles convolèrent quelques-unes des parties.

N'est-il pas souverainement ridicule de dire que tant de Princes Catholiques, pouvant se dispenser eux-mêmes, il est bien singulier qu'il aient eu recours à l'Eglise & qu'ils n'aient pas répris l'usage de leurs droits ? quoi ! des Princes religieux se soumettroient à la discipline de l'Eglise : ils avoient recours aux Pasteurs désignés par elle, & on voudroit argumenter contre eux de leur piété. M. de Barruel auroit dû se souvenir que l'Eglise a institué le jeûne du carême; qu'elle a défendu le travail les jours de fêtes; que le Souverain de son côté avoit défendu, pendant le temps où l'usage des viandes étoit prohibé par l'Eglise, d'en vendre & d'en acheter; qu'il avoit également défendu le travail les jours que les Catholiques devoient férier, & que si le défaut de permission du Curé, soit pour l'usage du gras, soit pour le travail, étoit pour tout fidèle un péché, la certitude de ce que cette permission avoit été accordée, ne sauvoit, ni de l'amende, ni des autres peines temporelles, ceux qui n'avoient pas eu recours au Magistrat de police, pour obtenir la dispense civile.

Il auroit dû se rappeler également que les Curés, Ministres nécessaires, aux yeux de l'Eglise, pour consacrer le sacrement de mariage, ont été jusqu'à ce jour, en

France, les Magiſtrats civils du contrat que le ſacrement ſanctifie ; & que cette dernière qualité, inhérente à la première, par la conceſſion de la puiſſance temporelle, devoit les aſſujétir à l'exécution des lois de cette dernière puiſſance ; car ils étoient non-ſeulement ceux qui ſanctifioient l'union aux yeux de Dieu, mais encore ceux qui la déclaroient légitime aux yeux de la loi ; c'étoit à raiſon de la réunion de ces doubles fonctions, qu'ils ne tenoient pas toutes du ciel, que nos Rois auroient déſiré que le Concile de Trente eût adopté l'empêchement dirimant, qu'ils avoient établi & qu'ils avoient eu droit d'établir, quoi qu'il gênât le droit naturel & qu'il fût ſujet à de très-graves inconvéniens. Tout ce que l'Egliſe auroit pu déclarer de contraire à ce droit inhérent à l'autorité temporelle, prouveroit que, lorſqu'il a été queſtion de diſcipline, les Conciles, & ſur-tout ceux des derniers ſiècles, ont confondu les droits des deux puiſſances ; & ſi on recoure à l'époque où cette confuſion a commencé, on verra qu'elle fut celle où les Papes commencèrent à réunir, dans Rome, la puiſſance temporelle à la ſpirituelle : où les Evêques devinrent Ducs, Comtes & Barons, eurent des gens-d'armes à leurs ordres, & furent officiers civils, quaſi Souverains, ſupérieurs mêmes aux Princes, qu'ils dépoſoient : « chez les Grecs, au contraire, où chacun » étudioit l'écriture, les Pères & les anciens canons ; on » ſuivoit la même doctrine ſur la diſtinction des deux » puiſſances : on n'y connoiſſoit point les fauſſes décrétales » fabriquées en Occident & écrites en latin : on voyoit » en Orient des maux & des abus de différens genres ; mais » l'on y ſuivoit les canons, pris dans l'ancien code de » l'Egliſe Grecque ; les Orientaux étoient même fort » ſcandaliſés de voir les Evêques d'Occident poſſéder des » ſeigneuries, &, pour les défendre, lever des troupes, les » conduire en perſonne & porter les armes ». Hiſt. Eccleſ.

Ce fut à ces abus qu'on dut l'opinion des Prélats Latins, ſur la réunion du pouvoir temporel au ſpirituel.

L'allégorie des deux glaives, fausse en elle-même, devint un dogme qui coûta la vie à ceux qui osèrent la traiter de fable : au nom de l'Eglise, les Prêtres ambitieux se mêlèrent de tout ; & si l'on crut, d'après leur parole, qu'il n'existoit pas d'Antipodes, que la terre ne tournoit pas, & une infinité d'autres choses que la saine physique nous démontra être des erreurs, on doit bien concevoir que ceux qui les prêchoient, n'oublièrent pas d'étendre leur autorité, d'abord, sur le mariage, puis sur les testamens, les donations & les autres actes de la vie. Que l'Eglise borne son autorité à celle que lui fixa Jésus-Christ; qu'elle dise, avec son époux, que son royaume n'est pas de ce monde ; qu'elle enseigne, comme lui, d'être soumis aux puissances (1). Et les Ministres, qui nous parleront en son nom, jouiront de la confiance & de la considération dont leurs prédécesseurs jouirent dans les temps apostoliques.

---

(1) Tout testament étoit nul, si on n'avoit donné aux Prêtres. Le Concile de Cashel en 1171, ordonna que les fidèles malades feroient leur testament, en présence de leur confesseur & de leurs voisins, & diviseroient leurs biens en trois parties ; une pour leurs enfans, l'autre pour leur femme & la troisième pour leurs funérailles. Le Conçile d'Arles fait défense, à qui que ce soit, de faire testament hors la présence de son Curé. On fit plus, on condamna les morts pour n'avoir pas testé ; mais comme cette condamnation ne produisoit rien, on nomma quelqu'un pour faire ces testamens pieux à la place du mort. Prétendra-t-on que, par cet abus d'un pouvoir temporel abusif, l'Eglise ait acquis des droits sur les biens des morts, comme on prétend qu'elle a acquis une autorité sur le contrat civil qui lie deux époux ?

§. IV.

Le rapport de M. Durant de Maillane & le décret qu'il a proposé, au nom du Comité eccléſiaſtique, ne ſont, ni anti-philoſophiques, ni anti-catholiques, ni anti-politiques.

On n'a confondu, dans le plan du Comité, ni toutes les notions, ni tous les droits. La ſociété n'a, ni le droit de diſpoſer des choſes, ni celui de diſpoſer des perſonnes : l'un & l'autre, de ces droits, ſeroit une tyrannie réelle. Faite pour accorder à l'homme, ſureté, propriété & protection, la ſociété ne peut diſpoſer de rien, que de ce qui lui appartient à ce titre ; mais elle dut & doit empêcher que l'homme ne diſpoſe d'une manière nuiſible aux autres, des choſes, des perſonnes, même de la ſienne, tel eſt le but des lois.

Les lois relatives aux choſes indiquent aux citoyens les moyens de diſpoſer de leurs propriétés, & leur aſſurent la protection de la force publique, pour que leurs conventions ſoient exécutées, lorſqu'ils ont ſuivi les formes preſcrites.

De même, les lois relatives aux perſonnes, ſont faites pour défendre la liberté & la vie de tous les particuliers; les citoyens ne peuvent diſpoſer de la première que ſous le ſceau de la loi, & la loi ſeule peut diſpoſer de la ſeconde ; on n'a donc nullement confondu l'eſſence & l'acceſſoire du lien conjugal ; on n'a point voulu mettre, on n'a point mis, ſous le joug du Prince, les actes de la volonté : cette volonté eſt indépendante; mais les actes qui dénotent l'exiſtence de cette volonté & qui en mettent l'exécution ſous la protection de la loi, ne peuvent pas ſe ſéparer de l'uſage de cette volonté.

C'eſt donc pour donner un ridicule au Comité, & non une raiſon à ſes lecteurs, que M. de Barruel dit qu'on a mis les hommes & leurs poſſeſſions ſur la même ligne : c'eſt par un acte public qu'ils peuvent diſpoſer & de ces dernières & d'eux-mêmes : ſans un tel acte le mariage eſt aux yeux du citoyen *philoſophe*, un ſtupre, une fornication, plus qu'il ne l'eſt encore aux yeux de l'Egliſe, quand il n'eſt pas béni : rien de plus philoſophique que cette idée.

2°. On peut être *très-Catholique*, malgré tous les anathêmes qu'il plaît à M. de Barruel d'accumuler ſur la tête de M. de Maillane. Si on conſidère quelles ont été les défenſes de l'Egliſe ſur les empêchemens dirimans, on verra que, dans le principe, elle n'en a pas établi : elle n'a, effectivement, point défendu aux Juifs d'épouſer leurs belles-ſœurs ; elle n'a point obligé les Romains, pour les empêchemens à raiſon de conſanguinité, de ſuivre les règles preſcrites dans le lévitique ; des Chrétiens eurent beſoin de diſpenſes, pour ſe marier dans un degré prohibé par les lois, & elles furent accordées par l'Empereur.

L'Egliſe n'en accorda perſonnellement aucune, & le premier exemple d'une diſpenſe, donnée par un Pape pour la validité d'un mariage entre parens, eut lieu en faveur de Guillaume, Duc de Normandie, avec Matilde, fille du Comte de Flandres, à condition que le Duc & la Ducheſſe fonderoient chacun un Monaſtère.

Or, ſi le droit naturel n'eſt point bleſſé par de pareils mariages, & que le droit divin ne le ſoit pas, les diſpenſes ne devroient être accordées que par la puiſſance qui a intérêt de maintenir la loi : l'Egliſe ne peut diſpenſer de ce qui eſt preſcrit par le droit naturel ; l'Egliſe ne peut dispenser de ce qui est ordonné par le droit divin; mais la puissance civile peut dispenser un citoyen de l'exécution d'une loi, de la même manière qu'elle dispense d'une peine, toutes les fois où la dispense n'est pas contraire au droit naturel; & si l'Eglise a jugé à propos d'adopter une discipline, la dispense que le Catholique demandera à son Evêque sera une preuve de son obéissance filiale que nous louerons; mais qui, d'après les Catholiques les plus rigides, ne nécessiteront pas les non-Catholiques d'y avoir recours, & ne dispenseront pas les fidèles de l'exécution de la loi civile.

3°. « Le plan du Comité est *anti-politique ;* » ah! que ce reproche décèle encore les espérances de ceux qui voilent leurs intérêts du manteau de la Religion; on ne peut le dire anti-politique que parce qu'on espère disposer encore de la crédulité des Peuples, animer leur zèle fanatique, & leur mettre, de nouveau, le poignard à la main; mais le Peuple s'instruit tous les jours; il sait maintenant que les François, en massacrant les Protestans, parce qu'ils péchoient dans la foi, ne firent pas une chose agréable à Dieu; que les Espagnols, en exterminant les Américains, parce qu'ils n'étoient pas Chrétiens, déplurent à ce Souverain maître de la nature; que les parricides, qui assassinèrent Henri III & Henri IV, furent des monstres & non des saints; que Dieu déteste les feux & les tortures que les atroces Magistrats, qui président les tribunaux, appelés de la sainte Inquisition, emploient pour détruire les Hérétiques; il sait aussi que toutes ces horreurs trouvèrent des instigateurs, des défenseurs & des prédicateurs; que les scélérats, qui poussèrent à ces abominations, se servoient du nom de Dieu pour faire adopter ce qui répugnoit à la nature, à la raison, & à la loi de l'Evangile; alors sur ses gardes, ce Peuple qu'on trompa tant de fois au nom de la Religion, ne se laissera pas persuader aussi facilement.

Les citoyens ſauront, ou qu'on ſe trompe, comme M. de Barruel, ou qu'on cherche à les tromper, lorſqu'on leur dit : que par le plan du Comité, qui propoſe de confier aux Municipalités la confection des actes de mariages, « on force le Catholique à mentir à ſa » foi, à ſe dire lié devant le Magiſtrat, avant de ſe lier » devant l'Egliſe, quoiqu'il ſache ne pouvoir ſe lier » que devant l'Egliſe ».

Ils ſauront que les Paſteurs, qui leur tiennent le langage que pourſuit M. de Barruel, mentent au Saint-Eſprit & à leur propre foi, en leur diſant que « leur contrat eſt nul, quand il eſt fait devant le Magiſtrat ».

Etoit-ce devant un Apôtre, ou devant un Prêtre, qu'en préſence de Jéſus-Chriſt même s'eſt contracté le mariage de Cana ? Eſt-ce en face de l'Egliſe que ſe ſont contractés ces mariages dont parle ſaint Paul, lorſqu'il recommande aux fidèles de ne pas abandonner leurs époux infidèles ?

Un Prélat a-t-il formé les nœuds de Clotilde chrétienne, avec Clovis encore infidèle ?

Ces mariages, & tant d'autres, ont-ils été regardés comme des *menſonges*, des *profanations*, des *eſpèces* d'*apoſtaſie* à expier ? Termes qu'oſe employer M. de Barruel.

L'Egliſe prétendit-elle jamais que ces mariages étoient nuls ? ne les regarda-t-elle pas comme légitimes ? les Prélats de tous les ſiècles prêchèrent-ils dans l'Europe ? prêchent-ils aux Indes, maintenant, ces maximes propres à ſemer la zizanie & la révolte, ſans qu'elles puiſſent être utiles ? Non : mais ces Prélats, ces Miniſtres, n'ont, ni troubles à exciter, ni temporel à regretter & à reconquérir.

Ce qu'il y a d'étonnant, c'est que M. de Barruel donne pour appuyer son opinion des autorités qui y sont diamétralement contraires.

La première roule sur une supposition étrangement éloignée de la vérité; le Pontife Romain décide : « que, » dans toute region, où le Concile de Trente a été publié, il est certain que le mariage des Catholiques, » célébré devant le Magistrat civil, est un mariage nul » & sans force ».

Le Pape a raison de décider ainsi; mais M. de Barruel a tort d'ajouter à cette décision & de dire : « car, dans » toutes régions où le Concile de Trente a été publié » *(comme il l'a été en France, où il étoit même devenu* » *loi de l'Etat)*, il est certain, &c. » Cette parenthèse est-elle le fruit de l'ignorance ou de la mauvaise foi ? nous ne pouvons supposer la première à M. de Barruel, & nous regretterions d'être obligés de soupçonner la seconde; ce qu'il y a de certain, c'est que c'est une *erreur*, comme on a pu le voir dans l'article précédent.

Le Pape n'en commet aucune : comme Prélat & comme Jurisconsulte, il a parfaitement bien dit, « dans » toutes les régions où le Concile de Trente a été publié ». Oui, dans ces régions, un tel mariage est nul; mais pourquoi ? parce que le point de discipline, dont il parle, est mis au nombre des lois civiles; parce que l'exécution du Concile est une suite de son acceptation & de sa publication, faite au nom de l'autorité civile; il résulte donc de ce que le Concile n'a été, ni reçu, ni publié en France, que le Pontife est parfaitement d'accord avec nous, en ce que, d'après son opinion, les lois civiles fixent les formes du mariages dans les pays où le Concile n'a pas été publié.

Que conclure de la seconde autorité ? tout ce que le Comité consent qu'on en conclue, excepté la conséquence que M. de Barruel voudroit qu'on en tirât ; le Sultan ayant ordonné à tous ses sujets de contracter mariage devant le Cadi, les Catholiques alarmés consultèrent Benoît XIV ; le Saint-Père ne dit point de ne pas comparoître devant le Cadi, de ne pas satisfaire à cet acte civil : il le permit au contraire ; mais il dit : « d'avertir les » époux de ne pas jouir de leurs droits de cohabitation, » avant d'avoir célébré leurs noces devant un Ministre » Catholique & deux témoins ». Ce Pape ne dit pas que l'acte est nul, il dit que les mariés doivent s'abstenir d'user de leurs droits. N'est pas les reconnoître ?

Ah ! que M. de Barruel eût prêché la morale de Benoît XIV ; & il n'eût pas comparé le Comité aux Hérésiarques ; il n'eût pas tenté de faire entendre, ce qui est évidemment faux, que le Comité ait entendu priver les Chrétiens de recevoir, après l'acte civil, la bénédiction nuptiale conformément à leurs rits. Le Comité n'a rien ordonné de contraire à la morale de Benoît XIV, & M. de Barruel a eu tort d'accumuler contre lui les reproches & les invectives ; d'après cela, je dirai, un zèle, trop actif, fait errer quelquefois : celui qu'un zèle erroné excite à la révolte, meurt sans avoir soutenu la vérité qu'il a méconnue, & l'offre qu'il fait de sa tête, pour défendre son opinion mensongère, n'honore point son supplice de la palme du martyre ; j'ajouterai ensuite avec M. de Barruel, *le premier rebelle est celui qui commande l'erreur :* qu'on juge maintenant, entre ce Théologien & le Comité dont il s'est déclaré l'accusateur, quel est celui qui prêche une morale anti-philosophique, anti-catholique, anti-politique, quel est celui qui commande ou qui prêche l'erreur ?

CONCLUSION.

L'Assemblée Nationale est compétente pour porter la loi du rétablissement du Divorce.

Il faut aimer à tout obscurcir pour mettre en doute si l'Assemblée Nationale est compétente pour rétablir le Divorce.

L'Auteur du livre intitulé *Accord de la Révélation & de la Raison*, sentoit la foiblesse des argumens, dont il étoit forcé de se servir pour défendre une telle proposition; aussi a-t-il tâché d'embrouiller la matière en l'enveloppant dans ces termes : *l'Assemblée Nationale est-elle compétente pour juger la question « si le Divorce est » permis par la loi divine »*, *elle n'a pas*, ajoute-t il, *le pouvoir de le permettre contre cette même loi.*

L'Assemblée Nationale ne peut juger, & elle ne jugera pas si le Divorce est ou non un point de foi; si l'Auteur de cet *accord* prétendu, se trompe; ou si je suis dans l'erreur : fort soumis à l'Eglise, l'un & l'autre, attendons avec respect sa décision; mais ne l'anticipons pas : laissons les puissances temporelles auxquelles nous sommes soumis, faire les lois qui peuvent conduire les peuples à leur félicité; s'il est quelqu'une de ces puissances qui s'arroge le pouvoir sacerdotal, plaignons-la; mais soyons certains que l'Assemblée Nationale ne se permettra pas plus de juger un point de foi, qu'elle ne consentira à voir les Pontifes continuer leurs entreprises sur l'autorité séculière (1).

(1) Dans toutes les lois que l'Assemblée Nationale a portées, en est-il quelque-une que ses détracteurs puissent accuser

Elle

Elle ne permettra rien non plus contre la loi divine ; en adoptant le Divorce, nous l'avons prouvé dans les trois Chapitres précédens.

Mais en ſuppoſant que le ſentiment des anti-divorciaires prévalût dans cette Aſſemblée, les légiſlateurs ne pourroient, ſans doute, refuſer de laiſſer aux communions moins rigides, ou plus relâchées, ſi on veut les appeller ainſi, la liberté de ſuivre auſſi leurs lois eccléſiaſtiques, quelques-unes permettent le Divorce ; d'autres l'ordonnent dans certains cas : il faut donc que cette loi ſoit portée pour que leurs ſectateurs puiſſent en uſer ; & cette loi ſeule peut

---

d'être contraire à la Religion Catholique ? La liberté de conſcience, accordée à tous les cultes, eſt parfaitement conforme à l'eſprit de tolérance qui caractériſe le Chriſtianiſme. Nos Prêtres pourront convertir ; mais ils ne brûleront pas comme les Inquiſiteurs d'Eſpagne & de Portugal ; ils ne feront pas précipiter dans des cachots ceux qui leur déplairont, comme leurs prédéceſſeurs l'ont fait, au moyen des lettres de cachet, &c. Le décret, relatif aux biens du Clergé, n'a pas eu ma voix ; mais mon opinion imprimée a dû prouver que je n'étois pas d'avis que ces biens appartinſſent aux Eccléſiaſtiques, & que je deſirois qu'il y eût une plus juſte diſtribution de leurs revenus ; la meilleure part, ſuivant moi, ne devoit pas reſter entre les mains de ceux qui ne prétendoient en être que les adminiſtrateurs ; elle appartenoit aux pauvres qui, à mon ſens, étoient les véritables propriétaires des fondations pieuſes. Le décret, qui n'admet plus à faire des vœux ſolennels, eſt un décret très-ſage, par lequel l'Aſſemblée Nationale a fermé la porte aux regrets ; & pourquoi l'autorité civile s'étoit-elle chargée d'être la geolière de ceux qui avoient pris des engagemens avec le ciel ? on pouvoit abuſer de ſon pouvoir ; mais Dieu en avoit-il beſoin ? & n'eſt-il pas le maître de punir, comme il lui plaît, ceux qui ne lui tiennent pas leurs promeſſes ? Enfin la loi, qui oblige les Evêques d'avoir ſoin eux-mêmes dans l'Egliſe-mère, d'une portion de leurs troupeaux, ne fait que les rappeler à leur primitive inſtitution. Qui ſeroit aſſez peu inſtruit pour ignorer que, dans les premiers ſiècles de l'Egliſe, telles furent les fonctions des ſucceſſeurs des Apôtres & la deſtination de leur Cathédrale ?

établir la liberté de conſcience qu'on leur a permiſe : car il ſeroit atroce de leur dire ; je veux ſuivre ma religion à la lettre, & je ne veux pas que vous puiſſiez faire ce que la vôtre vous permet ; ſeroit-ce là cette tolérance dont nous les avons flattés ? Non : la ſeule tolérance, en ce point, eſt de ne pas forcer de divorcier ceux qui croient que le Divorce offenſe leur créance ; mais de le permettre à ceux auxquels la leur l'ordonne, ou ne le défend pas.

Or, je ſuppoſe qu'on accordât cette loi pour les ſeuls non-Catholiques, & qu'on voulût que les Catholiques ne puſſent divorcier, & que cette faculté fût même interdite à ceux d'entr'eux qui ſont aſſez ſages pour croire que le Concile de Trente n'a point jugé ce point de diſcipline pour la France ; quel en ſeroit le fruit ? N'avons-nous pas de terribles exemples devant nos yeux ? N'exiſte-t-il pas de vaſtes contrées où l'intolérance des prétendus rigoriſtes a chaſſé du giron de l'Egliſe une multitude de fidèles ? Les Paſteurs Proteſtans, en exigeant une grande régularité de mœurs, laiſſent à la foibleſſe humaine toutes les reſſources que ne leur a point interdit le texte de l'Evangile ; leur zèle ne trouveroit-il pas à faire une ample moiſſon ? Ce ſeroit dans le ſein de ces Paſteurs que l'homme, repouſſé par l'auſtérité Romaine, iroit verſer ſes larmes & retrouver quelque conſolation : l'hiſtoire apprendroit à nos neveux que le culte catholique fut la Religion générale de la France, & qu'un ſeul point de diſcipline dont l'obſervation nuiſoit au bonheur du genre-humain, exigé impérieuſement par quelques fanatiques, fit un tel changement, qu'avant l'an 1800, le nombre des ménages catholiques ſe vît diminué de moitié.

Les anti-divorciaires, pour parer un coup auſſi funeſte, pourront-ils objecter que ſi l'Egliſe a rejeté le Divorce, comme ils le prétendent fauſſement ; que ſi elle a fait de cet article un point de foi, comme nous avons démontré, qu'elle ne l'a pas fait & qu'elle n'a pu le faire, l'état ne pourroit donner une loi, qui permît ce ſage remède ? & s'ils me disent en termes formels ou équivalens qu'on doit ne pas porter cette loi, parce que la Religion Catholique est la Religion dominante de l'Etat; je leur répondrai: » qu'entendez-vous par Religion dominante? Est-ce » celle qui domine sur le plus grand nombre d'esprits, » qui dirige le plus de cœurs? J'adopte l'expression. Dans » ce cas, il y aura moins d'individus qui feront usage de la » loi qui répugne à votre doctrine; mais si vous entendez » par dominante, une Religion qui domine tellement » sur tous les citoyens d'un Royaume; que les lois de » l'Etat doivent être calquées, d'après ses principes; que » ses moindres décisions fassent loi par tous les sujets » de cet Etat, même pour ceux qui ne suivent pas » cette créance; ne déguisons pas les termes, cette Re- » ligion ne domine que par l'intolérance, &, dans le pré- » cepte au moins, ce ne peut être la Religion Catho- » lique; si nous adoptions vos maximes à ce point, alors » le despotisme religieux, qui partageoit l'Empire de » l'opinion avec le despotisme ministériel, au moyen des » lettres-de-cachet, de l'index & des censures; le despo- » tisme religieux, qui surchargeoit les peuples avec le » despotisme féodal, par les dîmes, les cens & les » champarts; le despotisme religieux qui, de concert » avec le despotisme militaire, dépeuploit nos villes & » nos campagnes par les enrôlemens forcés, la milice » & les vœux perpétuels; ce despotisme religieux va » se rétablir sur la ruine des autres, ralumer les bû- » chers & reconstruire les cachots: car où il domine, la » liberté est proscrite, les bastilles se remplissent & l'inqui- » sition s'établit ».

Ce n'est point à de tels malheurs, sans doute, que les François sont réservés: ils sont libres: ils peuvent être tous très-Catholiques; mais ils doivent l'être librement, & non par respect pour les tortures morales & physiques, auxquelles les condamneroit une loi injuste.

L'Aſſemblée Nationale paroîtra donc très-compétente, pour prononcer ſur le Divorce, à tous ceux qui n'ont pas de motifs pour deſirer qu'elle rende des lois incohérentes à ſa conſtitution, injuſtes pour une multitude de citoyens Catholiques qui reſpectent le Concile de Trente; mais qui regardent ſa déciſion à ce ſujet comme de pure diſcipline; révoltante pour tous ceux dont la religion permet ou commande ce qu'a défendu ce Concile & déſeſperante pour tous les époux malheureux; ſera-t-il quelque François qui, d'après ce que nous venons d'expoſer, croie ne pouvoir dire avec nous : l'Aſſemblée Nationale *peut* rétablir l'uſage du Divorce? elle *doit* porter une loi qui le permette; elle *rendra* ce ſage décret.

§. I.

L'Assemblée Nationale peut rétablir l'usage du D[illegible]

Les Lois Romaines permettoient ce remè[illegible] lois devinrent celles des Gaules ; Théodose & [illegible] en firent de nouveaux recueils : elles furent [illegible] France : elles n'ont jamais été révoquées ; bien [illegible] de-là les Capitulaires de nos Rois prouvent que nos Princes, de concert avec la Nation assemblée, en ont fait de nouvelles sur cette matière. Des Conciles nationaux démontrent que l'Eglise ne s'y opposoit pas, & regardoit alors comme permis, les mariages que les conjoints divorciés faisoient après la dissolution de leurs liens ; ces Evêques tous François, & membres d'une Nation libre, n'étoient pas encore devenus les Esclaves de la Cour Romaine ; & n'en doutons pas, si les Ecclésiastiques de ce Royaume y eussent eu le moindre intérêt, cette coutume, cet usage, ces lois seroient encore en vigueur, & le Divorce eût été mis au nombre de ces libertés de l'Eglise Gallicane, que notre Clergé a si glorieusement soutenue ; que dis-je ? elle eût été la plus précieuse de ces libertés.

Mais, cette terre fertile fut couverte d'une multitude de Moines que l'Evangile n'institua pas ; bientôt les vœux, rendus perpétuels, les arrachèrent pour toujours à une société qu'ils avoient abandonnée ; alors ils sentirent le poids de leurs fers ; & de même que les ronces empêchent la terre qui les fait croître de produire des plantes salutaires, ces célibataires non contens d'être inutiles devinrent nuisibles à la société ; ils semblèrent croire que le ciel étoit intéressé à ce qu'il y eût moins de mariages heureux ; ils prêchèrent donc contre le Divorce, & ils comparèrent les liens de fleurs qui doivent unir les époux, aux chaînes pesantes dont ils s'étoient fait garrotter.

Le Clergé séculier suivit cet exemple, tant qu'on put élever à l'état ecclésiastique des gens mariés; tant que, par l'effet d'un second mariage, ils ne perdirent que le droit d'exercer les fonctions des ordres sacrés, ils tolérèrent le Divorce; ils firent des canons en sa faveur; mais dès qu'ils se virent soumis (1), non-seulement à ne pouvoir convoler à de secondes noces, mais encore à renoncer à en contracter avant d'entrer dans le Clergé; alors, ils prêchèrent contre le Divorce, & il sembla que l'éternité du malheur des époux fût la seule consolation de gens auxquels on avoit interdit de partager les douceurs du mariage.

Cependant aucun de ceux qui prétendent que l'Assemblée Nationale ne peut faire revivre les lois du Divorce, n'oseront nous dire que les lois des Empereurs Romains & Chrétiens, & les capitulaires de Charlemagne aient été condamnés par l'Eglise, & que les Conciles François, dont nous parlons, aient été traités de Conciliabules hérétiques; ce Charlemagne qui fit les capitulaires; ce Charlemagne, sous le règne duquel se tinrent ces Conciles; ce Charlemagne, couronné Empereur d'Occident, par le Pape Léon III; ce Charlemagne, qui fut un modèle de continence sur le trône, parce qu'il n'imita pas nos Rois de la première race, qui épousoient plusieurs femmes à-la-fois, & qu'il ne prit de nouvelles épouses, qu'après avoir divorcié (remède

(1) Cette soumission, grande & importante conquête des Papes, puisqu'elle servit de base à leur puissance, ne fut pas une soumission produite par un consentement libre & volontaire; mais elle fut arrachée par la force & la violence : on en sera convaincu, si on veut bien recourir à l'extrait des Conciles, relatifs au célibat des Prêtres que nous mettons à la fin de ce volume, pour servir de preuve à ce que nous avançons.

auquel il fut forcé de recourir plusieurs fois) ce Charlemagne fut canonisé par Paschal III; & sa fête se célèbre le 18 Janvier dans l'Eglise.

Il n'est aucun Concile qui ait proscrit ces lois, & qui ait déclaré qu'il étoit de foi que l'exception qui se trouve dans l'Evangile, n'autorisât pas le Divorce, que l'adultère ne dissolvoit pas le mariage.

Il n'en est aucun qui ait dit que les Rois & les Nations n'avoient pas le droit de faire des lois relatives aux mariages & de permettre le Divorce.

Le Concile de Trente, me dit-on; mais oublie-t-on que si les Evêques François n'ont pas eu le courage de remontrer dans ce Concile qu'il n'avoit pas le pouvoir de faire un article de foi, de ce qui n'étoit pas de foi; qu'il n'avoit pas le droit d'entreprendre sur la puissance séculière, soit en fixant les empêchemens de mariage, le sort de ceux qu'on appelle clandestins, &c., soit en se déterminant pour l'indissolubilité du contrat de mariage; il en est résulté que, malgré tous les efforts des Papes, ce Concile n'a jamais été reçu en France; qu'on ne s'y sert de son autorité que dans les points qui ne contrarient pas notre ancien droit & nos libertés; que nos plus célèbres Jurisconsultes, tels que Dumoulin; que des Théologiens fameux par leur piété, ainsi que M. Despense; que les Universités du Royaume, & particulièrement celle de Paris, &c. &c., se sont refusés à le reconnoître en plusieurs points; que nos Rois (même celui d'entr'eux qui ordonna la Saint-Barthelemi), n'ont jamais jugé à propos de le faire publier; que le Tiers-Etat aux Etats de Blois & à ceux de Paris, ne voulut jamais consentir à se joindre au Clergé pour demander cette publication; enfin, que les Parlemens se sont toujours opposés à plusieurs de ses maximes, & que spécialement le premier Président rappella en ſon nom au Syndic de la Faculté de Théologie & à Jacques Thuillier, le 16 Février 1677, que, « tant que les lois civiles ont voulu autoriſer les ma- » riages (contractés par des époux divorciés), l'Egliſe, » & particuliérement celle de France, a eu la conſidéra- » tion de reſtreindre ſes défenſes à un ſimple conſeil; que » même l'Egliſe d'Orient a toujours ſuivi, en cela, la » diſpoſition de la loi civile, ſans que l'Egliſe Romaine, » qui eſt l'Egliſe univerſelle, y ait trouvé à dire pendant » pluſieurs ſiécles, & juſqu'au Concile de Florence, ni » qu'elle ait auparavant mis cet article entre les erreurs » des Orientaux ».

A conſidérer ce concours de volontés & des particuliers inſtruits, & des Univerſités, & des Etats-Généraux & des Princes, pour ne pas recevoir ce Concile; quel eſt le François qui oſera dire que ſes décrets ſont loi pour une Nation, qui ne les a ni admis, ni fait publier chez elle? Qui d'entre les Catholiques patriotes ſe permettra d'avancer que ſes décrets ont pu ôter à une Nation le droit de faire des lois, relatives au Divorce? & ſi on joint à cela la réclamation publique du Parlement de Paris, qui plus d'une fois ſut ſoutenir la majeſté du trône, les droits de la Nation & faire reſpecter les anciens canons, ne paroîtra-t il pas étonnant qu'on croie devoir nous objecter l'autorité de ce Concile?

Lorſque le Parlement dit, *tant que les lois civiles ont voulu tolérer ces mariages (qui avoient lieu après le Divorce)*, il ſemble, à la vérité, ſuppoſer que ces lois aient été révoquées; mais, comme il n'a jamais exiſté de lois, qui aient porté cette révocation, on voit facilement que ces mots n'ont eu d'autre motif que celui d'excuſer la juriſprudence de cette Cour, qu'elle ſuppoſoit équivalente à la loi, tant que le Légiſlateur ne l'avoit pas deſapprouvée.

Mais lorsqu'il dit : « l'Eglise, & particulièrement celle » de France, avoit la considération de restreindre ses » défenses à un simple conseil ; » il dit une vérité prouvée par tous les monumens de l'Histoire ecclésiastique & civile ; & lorsqu'il ajoute, ce qui a trait à l'usage d'Orient, il démontre, jusqu'à l'évidence, que cet article n'a jamais pu faire ni un point de foi, ni même un point de discipline générale.

Ah ! n'en doutons pas, si on eût voulu recevoir le Concile de Trente en France, & qu'on eût proposé de le rejeter pour le seul article qu'on nous propose comme de foi, bientôt la Cour Romaine nous eût dispensé de croire en cet article.

S'il faut un exemple frappant pour se le persuader, qu'on se rappelle que la Bulle *Unam Sanctam*, déclaroit qu'il étoit de nécessité de salut, de croire que toute créature humaine étoit soumise au Pape ; & que si la puissance terrestre s'égaroit, elle seroit jugée par la spirituelle. Tout l'exposé de cette Bulle, comme le remarque M. Fleury, tendoit à prouver que la puissance temporelle étoit soumise à la spirituelle ; & que le Pape avoit le droit d'instituer, de corriger & de déposer les Souverains (1).

---

(1) Dès 833, Lothaire dans un Concile, présidé par un Pape, fut déclaré déchu de la dignité impériale, & déposé.

En 764, Offat, Roi d'une partie de l'Angleterre, soumit son Royaume au tribut, appelé denier de Saint Pierre.

En 1139, le Royaume d'Angleterre fut donné par le Pape à Robert, Comte d'Artois, frère de saint Louis, à la charge de détrôner le possesseur, qu'il avoit plu à ce Pontife de déposer : & dans cette année, Frédéric, Empereur, fut par le même Pape déclaré déchu de la dignité impériale, que l'Evêque de Rome offrit également au même Robert.

En 1156, la Souveraineté d'Irlande fut donnée au Roi d'An-

Mais bientôt à cette constitution, qui, d'après Boniface VIII, obligeoit toute la Chrétienté, même les Grecs qui y sont nommés, succéda une Bulle de Clément V, par laquelle ce Pape déclara qu'il n'entendoit point que la constitution portât aucun préjudice au Roi ni au Royaume de France, ni qu'elle les rendît plus sujets à l'Eglise Romaine qu'ils ne l'étoient auparavant (1).

---

gleterre ; & le Pape Adrien, dans la Bulle qui la lui accorda, osa prendre ce prétexte. *Il n'est pas douteux que l'Irlande, & toutes les Isles qui ont reçu la foi chrétienne, n'appartiennent qu'à l'Eglise de Rome.*

En 1303, la Hongrie fut donnée à Charobert par la même autorité, au préjudice de Venceslas, que les Hongrois avoient élu pour Roi.

En 1420, le Pape donna les Indes au Roi de Portugal.

En 1492, Ferdinand, Roi d'Arragon, obtint aussi du Sacré Pontife, l'investiture des Indes Occidentales.

En 1513, la Navarre a été usurpée par Ferdinand, Roi d'Espagne, d'après une Bulle de Jules II.

En 1587, le Royaume d'Angleterre fut offert à Philippe II, Roi d'Espagne, par Sixte V.

En 1589, le Pape délia les François du serment de fidélité, envers Henri III.

En 1590, le Pape déclara Henri IV le meilleur des Rois, déchu de ses Royaumes.

On ne doit pas être étonné de voir tant de Princes excommuniés, lorsqu'on se rappelle que Jean VIII se permît d'excommunier ceux qui lui avoient dérobé une écuelle.

(1) La constitution *Unam Sanctam* obligeant toute la Chrétienté de croire le nouvel article de foi, concernant la puissance temporelle & universelle des Papes, sous peine de damnation éternelle; & la Bulle de Clément V, dispensant les François de la rigueur de cette Bulle; quelques plaisans prétendirent que, dispenser les François de croire à un article de foi, ne pouvoit produire d'autre effet que de les dispenser d'être sauvés.

Pourquoi cette Bulle fut-elle donnée ? C'eſt parce que le Pontife ſavoit bien que l'abus d'un paſſage de l'Ecriture, pour aſſervir les puiſſances ſéculières, ne pouvoit produire un article de foi : pourquoi la diſpenſe, dont je parle, eût-elle été accordée ? C'eſt ce que l'Evêque de Rome eût parfaitement ſenti qu'ordonner l'indiſſolubilité du lien conjugal, même dans le cas de l'adultère, etoit plus faire que Jéſus-Chriſt n'avoit fait ; & qu'un Concile n'a pas le droit d'ordonner quelque choſe de contraire à ſa divine doctrine.

Si donc les anti-divorciaires n'ont à nous objecter contre le pouvoir de l'Aſſemblée que la loi divine, tandis qu'elle eſt en entier contraire à leur ſyſtême ; que le décret d'un Concile, qui, ſur cet article, n'a pas oſé s'exprimer clairement, & qui, ſur les autres qui regardent le mariage, a viſiblement empiété ſur les droits des puiſſances temporelles ; il en réſulte que l'Aſſemblée Nationale peut rétablir l'uſage du Divorce, & leur dire, « ſuivez la loi » que vous nous annoncez ; ſoyez ſoumis aux puiſſances » que Dieu a établies pour vous gouverner ; vous devez » obéir, même à celle qui n'adore pas la même divinité ; » n'excitez donc pas à la révolte, contre celle qui ne » vous ordonne rien de contraire à la morale & à la » doctrine du Dieu que vous prêchez & que nous adorons ; mais par la même raiſon que vous voulez n'être » pas gênés, dans les actes que dirige votre créance, » ceſſez de vouloir nous porter à devenir des tyrans pour » ceux qui n'ont pas votre opinion ».

§. II.

L'Assemblée Nationale doit rendre cette Loi.

Eh ! quelles sont les lois que doivent porter des Législateurs, si ce ne sont celles qui doivent faire le bonheur de la société ?

Il est impossible que les lois conviennent également à tous les cultes permis dans un Etat libre ; s'il falloit se garder de porter une loi utile à l'humanité, parce qu'elle ne conviendroit pas à telle ou telle secte, on n'en feroit jamais de bonnes ni de justes ; il faudroit proscrire l'usage religieux du serment qui lie à la nouvelle constitution, parce que tout serment révolte le Quaker & l'Anabaptiste ; ne pas permettre l'usage d'un animal immonde, parce que les Juifs le croient interdit ; refuser aux femmes le droit de se plaindre d'être étroitement renfermées, pour ne choquer, ni la jalousie, ni la foi du Mahométan ; l'Assemblée Nationale doit-elle être tyrannique envers ceux qui suivent ces religions ?

Non, sans doute, répondront même nos adversaires ; & je leur dirai : « mais devant être juste envers tous, elle » permettra donc tout ce que la saine raison permet ; » & chaque citoyen sera le maître d'en user, si sa conscience le lui permet aussi, ou de s'en abstenir, si elle » le lui défend ».

Oui, des Législateurs doivent proscrire le célibat autant impolitique qu'immoral ; & je parle de celui dont les séparations font naître le goût, & dont la chasteté évangélique n'est pas le motif ; arrêter les assassinats, les empoisonnemens, les supplices moins prompts & n. . moins cruels, que les fureurs des époux inventèrent pour acquérir un veuvage desiré ; rétablir l'éducation des enfans, hélas ! si négligée par ceux que les liens de l'amour conjugal ne resserrent plus, & que les chaînes qui en ont pris la place rendent furieux : détruire ces mariages que le consentement des parties ne forma pas, & que l'avarice des parens transforma en contrats de vente pour l'esclavage ; abolir jusqu'à la possibilité de ces suppositions de paternité, plus déshonorantes pour les Législateurs qui les laisseroient subsister, que pour les époux qui en seroient les victimes ; anéantir les séparations qui nuisent autant à la population qu'aux mœurs ; faire les lois égales pour deux sexes également libres ; & s'il n'est pas possible que les lois soient parfaitement égales, se souvenir que la préférence ne doit pas être accordée au sexe le plus fort, puisque le plus foible est le plus facilement opprimé.

Enfin, on doit se rappeler que tout ce que l'Assemblée a fait pour le bonheur public, exige qu'elle y mette le sceau, en faisant naître la félicité domestique. On dit à chaque instant que nos lois nouvelles sont bonnes, mais qu'elles ne conviennent pas à nos mœurs dépravées ; ces dernières n'eussent pu nous procurer que des lois qui leur ressemblassent : si celles qu'on vient de porter ne conviennent pas à nos mœurs, il faut que les Législateurs nous invitent par tous les moyens, que le droit de faire des lois leur a mis entre les mains, à changer ces mœurs pour en prendre de meilleures. Rien n'y est plus propre que de ne point souffrir à l'avenir que le plus saint des contrats, celui qu'un consentement mutuel & parfaitement libre, a seul le droit de former, soit souillé par la plus affreuse des tyrannies, puisqu'elle doit être éternelle. Les pères & mères abusent de l'indissolubilité pour décider du sort de leurs enfans, comme des maîtres barbares décident de celui de leurs nègres ; des maris abusent de l'indissolubilité, en se permettant de ces actes de rigueur, plus cruels que les supplices inventés par les tyrans, dont l'antiquité a pris soin de nous apprendre les crimes ; les femmes en abusent..... Je m'arrête, elles furent les plus foibles, & l'atrocité des lois contre leur sexe fait leur première excuse ; si des esclaves pouvoient espérer d'obtenir une justice exacte, ils ne se la feroient pas eux-mêmes.

Le bonheur général est en politique ce que l'intérêt général est en finances ; le bonheur général ne peut exister sans le bonneur particulier ; le bonheur général est la réunion du bonheur de chacun des individus qui composent la masse publique ; le bonheur général est la somme des bonheurs privés, le premier est le tout, les seconds sont les parties qui forment ce tout ; le faire naître par de bonnes lois, le soutenir par l'effet de ces lois régénératrices des mœurs, le défendre à l'aide de ces lois protectrices du foible : tel est votre devoir ; ô Législateurs ! voyez maintenant quel est l'avantage de la loi que je vous propose moins que je ne vous presse de la rendre (1), elle est en entier dans les principes de cette Constitution qui va faire le bonheur de la France ; exciter l'envie des Peuples voisins, & leur servir de modèle, comme le courage que les François ont déployé pour l'établir, leur servira d'exemple.

J'entends crier que cette loi servira à désunir des ménages formés. — C'est-là le cri de l'impuissance, poussé par l'envie de nuire ; ne peut-elle vous porter au mal, elle tâche de vous faire redouter le bien ; & quels sont les époux heureux qui voudront voir rompre leurs liens ? La félicité domestique lasse rarement. Loin de redouter

---

(1) M. Gossing a proposé à l'Assemblée Nationale, lors de la discussion de l'article XII du titre IX du nouveau projet sur l'ordre judiciaire, de prononcer le Divorce pour les époux séparés de corps en justice, & de leur permettre de former de nouveaux nœuds : rien n'étoit plus sage que cette motion ; mais il est de l'honneur de l'Assemblée de donner une loi complète sur cette matière, ou de décréter au moins les bases de cette loi. Le plan de M. Gossing étoit par conséquent insuffisant.

cet inconvénient, je vois les nœuds de ces ménages à peine ſupportables, ſe reſſerrer; la contrainte les faiſoit regarder comme des ſupplices intolérables, un conſentement libre y rétablira le calme; on chérit toujours les fers qu'on ſe choiſit; & ſi on les déteſte, ce n'eſt que lorſqu'on croit n'avoir plus la liberté de les rompre; ce ne ſeront donc que les ménages réellement malheureux, ceux dont les maux feroient frémir, ſi on les connoiſſoit, qui invoqueront la loi du Divorce; ils ont droit de l'attendre des Légiſlateurs qui ont eu pour but d'établir *la concorde & la paix.*

Quoi! .... la Marquiſe * * * eſt ſéduite par un Monarque qu'elle a ſéduit elle-même : elle ſe fait gloire de ſa conquête; ſon mari eſt abandonné ; le malheureux l'aimoit encore; enfin, obligé de céder, ſous peine de partager avec les foux ou avec les prétendus criminels d'Etat, de la Baſtille ou les priſons de Bicêtre, le Marquis ne fut conſolé de ſa perte que par une nouvelle paſſion.

Une fille libre reçoit ſes nouveaux vœux que les Prêtres Orientaux euſſent bénis; pluſieurs enfans en ſont le fruit; la Marquiſe meurt, & celle qui lui a ſuccédé dans le cœur de ſon époux, qui l'a remplacée dans les tendres ſoins que ce dernier avoit droit d'attendre de celle qu'on appeloit encore ſa femme, quoiqu'elle ne le fût plus; la mère de ces enfans mérite de lui être liée; Rome y conſent, & les formalités ſont remplies; de nouveaux enfans doivent être le prix de cette union tant deſirée (1). Avant leur naiſſance, on demande au deſpote, qui, juſqu'à la mort

(1) Elle ne put l'être, graces à l'intolérante diſcipline de l'Occident ſur ce point, qu'en deſirant également la mort de la Marquiſe; ſi ce fut un crime, ce ne fut ni celui des malheureux, auxquels on la rendoit néceſſaire, ni celui d'une religion, qui n'exigeoit pas, pour le bonheur d'un mari abandonné, la mort de l'épouſe infidèle; ce crime fut donc celui des anti-divorciaires.

de la Marquiſe, avoit été ſon eſclave, des lettres de légitimation pour les enfans nés avant le mariage : elles furent refuſées, ſous le prétexte que ces enfans étoient adultérins; c'étoit cependant la ſeule manière qu'eut ce Prince de réparer le mal qu'il avoit fait : les lois furent invoquées contre l'homme qui n'avoit pu les invoquer lui-même; ô! juſtice des grands.

Sont-ce des ménages pareils à celui de la Marquiſe que nos anti-divorciaires craindront de voir rompre? Oui, n'en doutons pas; & combien d'Eccléſiaſtiques ne durent pas à la Cour qu'ils lui firent ou le droit de lancer des anathêmes, ou celui de ſe conſoler par d'immenſes fortunes de la privation que leur état leur impoſoit?

Oh! vous, que la Nation choiſit pour rétablir les droits de l'homme; ces droits que la nature, la raiſon & les philoſophie s'empreſsèrent de relever avec vous; ces droits que la véritable religion rappelle, loin d'aider à la faire oublier; ne craignez pas que le bien que vous voudrez faire ne produiſe des maux; vous ne reſſemblez pas au tyran, qui, en faiſant des lois, ne penſe qu'à lui, & qui, en travaillant au bonheur de ſes eſclaves, ne le fait que parce que ſa tranquillité en dépend; vous vous êtes oubliés; vous avez ſacrifié tout, pour faire ce que vous deviez; & c'eſt ce que vous devez encore, que je ſollicite de vous.

---

§.III.

§. III.

L'Assemblée Nationale portera ce sage Décret.

Législateurs d'une grande Nation, de cette Nation qui reconnoît pour citoyens tous les hommes qui veulent vivre libres & habiter une terre où nul ne peut être esclave; législateurs d'un peuple qui respecte la religion, mais qui regardant comme un don du ciel le bonheur de suivre la véritable, ne punit pas les hommes d'une erreur involontaire, & qui ne sacrifie pas ceux que les Prêtres indiquent comme des holocaustes agréables à un Dieu de paix : c'est vous qui me répondez de vous-mêmes.

Vous avez rendu la liberté à la Nation; vous avez détaché de la glèbe le serf qui y étoit retenu par des liens de fer, & l'agriculteur n'y est plus enchaîné que par la certitude de travailler pour lui-même; vous avez rompu les portes de ces cloîtres que la mélancolie avoit multipliés & qui n'édifioient plus depuis qu'ils n'étoient, peuplés que par les victimes de l'avarice; vous avez brisé les chaînes de tous les malheureux : le plan de votre Constitution, s'il eût été rédigé & médité, eût paru un de ces rêves heureux dont la lecture devoit inspirer à tous les Peuples de l'Europe le desir de devenir libres; l'exécution de ce plan leur donne un exemple mémorable qu'ils s'empresseront de suivre : poursuivez, & après avoir fixé les différens pouvoirs qui organisent la puissance sociale, fixez les droits particuliers des citoyens dont la réunion forme cette puissance, & dont le bonheur vous assure la félicité générale.

Après avoir considéré ce que vous avez fait, j'ai dû dire que vous porteriez le sage Décret qui doit être le remède d'un mal énorme, & qui donnera bientôt la preuve de ce qu'il est tari dans sa source. J'ai pour garant de cette promesse, que j'ose prendre en votre nom, tout ce que vous avez décrété pour le bonheur du genre humain. La liberté & l'égalité sont les deux bases sur lesquel es il repose : le plus saint des contrats seroit-il le seul où l'une & l'autre ne se rencontreroient pas ! la bonne foi pourroit-elle encore être exclue, ainsi que l'amour, de la cérémonie de l'hymen à laquelle ils devroient toujours présider ! Le croire, seroit vous faire injure ; & s'il est possible que cet Ouvrage mérite l'honneur d'une Edition plus soignée, le Décret que vous vous empresserez de rendre pour rétablir le Divorce, pour rappeler cette *institution sage ;* ce décret, dis-je, est la preuve que je réserve pour ce paragraphe.

O vous, mes compatriotes ! lisez & jugez. La Loi du Divorce sera-t-elle utile à la société ? ramenera-t-elle la pureté dans vos mœurs ? en écartera-t-elle ces vices qui déshonorent les contrats, font le malheur des époux & préparent celui de leur postérité ? Oui, sans doute. Cette loi doit donc être portée.

O vous, Catholiques, qui vous plaignez de ce que vous ne retrouvez pas la foi de vos Pères, lisez & jugez ! La loi du Divorce n'a-t-elle pas été pratiquée par eux pendant douze siècles ? Les Apôtres l'avoient-ils proscrite ? Votre divin Législateur, en vous apprenant que le mariage étoit indissoluble, n'a-t-il pas fixé un cas de Divorce ? La loi qu'on portera à ce sujet ne peut donc être contraire à l'Evangile & à la foi qui sauva vos Pères.

O vous, Ministres de la Religion ! Prélats que le choix des Peuples appella à l'apostolat, & qui préférez cette marque de confiance de vos concitoyens, à l'éclat de la pourpre Romaine & à la faveur de la Cour ; vous qui ne desirant que le bonheur de vos concitoyens ne regrettez aucune des richesses dont on dépouillât vos fastueux prédécesseurs, pourvu que la Nation se charge du soin de secourir les pauvres ; dette sacrée ! Hélas ! la charité des particuliers ne s'étoit déterminée à contribuer par de pieuses fondations à l'acquitter, que parce que sous un despotisme désastreux les obligations les plus sacrées des Nations sont oubliées, comme les droits des hommes sont méconnus; & vous Pasteurs respectables, qui devez à la même confiance & au même vœu d'avoir été choisis pour les coopérateurs de ces dignes Prélats; vous que les Peuples ont desiré & obtenu par une élection libre pour leurs consolateurs : lisez & jugez ! Vos prédécesseurs auroient-ils erré pendant douze siècles? Les Prélats & les Pasteurs de l'Eglise auroient-ils mal-à-propos excité à quitter des femmes coupables, & toléré les mariages divorciés? Auroient-ils dit que l'Evangile permettoit l'un & l'autre, quoiqu'il le défendît? Non. Ces saints Personnages entendoient bien la Loi divine qu'ils interprétoient; vous marcherez sur leur traces; vous distinguerez de la foi, ces articles d'une discipline trop austère qui sous le prétexte d'épurer les mœurs font naître une multitude de vices; vous séparerez ce qui est nuisible à la société & scandaleux pour la Religion, d'avec ce qui est utile aux bonnes mœurs; vous rejetterez ce qui n'a été inventé que pour augmenter le pouvoir de Rome; vous ne prêcherez que ce qui fut enseigné par Jésus-Christ. Enfin, en condamnant avec la Nation & avec l'Eglise ces mariages clandestins que la loi n'approuve pas, vous vous empresserez de consentir à la dissolution de ces liens déja rompus, que la tyrannie des parens fit former, & que les crimes domestiques déshonorent; & vous ne condamnerez pas les noces subséquentes, seul remède que la religion & la société peuvent offrir aux victimes d'hymens mal assortis.

O vous, Rigoristes! ne vous plaignez pas : la loi ne vous forcera pas à divorcier; vous serez les maîtres de conserver les nœuds qu'il vous plaisoit de serrer pour les autres; restez, restez une seule & même chair avec les moitiés corrompues qui sont liées avec vous; que les crimes d'après lesquels d'autres hommes sollicite-roient qu'on rompît leurs chaînes, soient pour vous, si vous le voulez, un plus grand motif d'attachement : la loi vous laisse libres.

Et vous, Citoyens qu'on tâche d'égarer ! vous, auxquels on représente la Religion comme détruite, parce que les Evêques redeviennent des Pasteurs, & parce que leur Clergé, dépouillé d'un inutile aumusse, aidera vos Prélats à vous administrer le pain de la parole de Dieu, & les autres secours spirituels ; vous, auxquels on représente l'Episcopat comme aboli, parce qu'on vous fait rentrer dans le droit d'être conduits pas des Pasteurs que vous connoîtrez, & qui vous auront paru mériter votre confiance ; vous, auxquels on dit qu'il n'y aura plus de baptêmes, de mariages & de cérémonies religieuses pour les enterremens, parce qu'on veut retirer des mains du Clergé le droit d'attester l'heure de votre naissance, de vos noces & de votre mort ; vous, auxquels on ne dit pas que le Clergé ne tenoit le droit d'assurer votre existence civile, que comme exerçant une Magistrature civile ; vous, auxquels on laisse ignorer que les Prêtres se refusant à dresser ces actes pour les citoyens d'une autre communion, il est nécessaire pour établir cette parfaite égalité, suite d'une heureuse constitution, de confier à des mains non prévenues la confection de ces actes, absolument nécessaires pour établir la filiation & l'ordre des successions : objets qui ont toujours été étrangers à la Religion.

Vous qu'on prévient contre le Divorce, en vous disant que Dieu l'a en horreur, tandis qu'il l'a approuvé ; que les Apôtres l'on rejeté, tandis qu'ils l'ont permis ; que l'Eglise l'a toujours défendu, tandis qu'elle l'a toléré & enseigné pendant douze siècles, & que depuis elle ne l'a pas condamné : lisez & jugez.

Ne vous laissez pas surprendre par la crainte qu'on tâche de vous inspirer : en admettant le rétablissement de la loi relative au Divorce, vous ne diviserez point de bons ménages, ils ne seront que plus unis ; vous ne séparerez pas des époux indifférens, ils cesseront de l'être ; louez & bénissez Dieu de ce que les mauvais ménages en profiteront ; vous ne les verrez plus se multiplier, &, par l'abus du contrat, le plus respectable, faire de ces ménages des écoles de haines invétérées, & de tous les vices dont la société a le plus grand intérêt de détruire le levain.

La mythologie a pu joindre une métamorphose à un fait ; mais cette addition, en faisant une fable de l'histoire de Philémon & de Beaucis, nous a conservé la mémoire d'un mariage heureux : la tendresse ne fut pas éteinte par les glaces de l'âge : Beaucis vieillit & n'en fut pas moins chérie de l'époux avec lequel elle avoit passé de longues années dans l'innocence : ses appas purent souffrir du temps ; mais elle fut toujours adorée de l'homme dont elle avoit partagé & les plaisirs & la misère, dont elle avoit été l'aide & la consolatrice.

O ! Socrate, j'admire ta vertu. Xantippe te maltraita, t'injuria : le crime de tes juges l'indigna ; mais bien loin de venir te consoler, elle te fit partager les injures qu'elle leur devoit. Si la Philosophie t'avoit été bien utile pour supporter l'humeur de ton épouse dans l'intérieur de ton ménage, combien ne te servit-elle pas, lorsqu'accusé par ceux que tu avois instruits ; poursuivi par des Prêtres dont la vérité que tu enseignois, alloit détruire l'empire ; jugé par des Magistrats qui craignoient, qu'à ta voix, la liberté ne vînt briser leur puissance, tu vis ta moitié accourir, non pour partager ta prison & ton sort, mais pour te reprocher amèrement tes vertus ! hélas ! elle leur devoit d'être encore la femme de Socrate au moment où le crime de ses ennemis ajoutoit à la gloire de son époux.

Job, ô toi que le Livre-Saint nous donne comme un modèle de patience, tu n'en eus pas autant que ce philoſophe ; tu perdis non-ſeulement tes richeſſes, mais bien plus ſans doute ! Tu vis diſparoître ces enfans qui formoient tes plus chères eſpérances : réduit au plus affreux dénuement, de tous tes amis, il ne te reſta que trois d'entr'eux ; & quels amis encore ? L'amour-propre les empêcha de s'éloigner de toi ; mais chacune de leurs viſites devoit être pour ton ame abattue un nouveau ſupplice : ils exigeoient, les cruels, que tu les cruſſes généreux, lorſqu'au lieu de te conſoler, ils vouloient que tu te reconnuſſes coupable, parce que tu étois malheureux ; ta piété ſurmontoit leur fauſſe philoſophie : tu les plaignois & tu béniſſois Dieu : mais ta femme, loin de t'aider à ſupporter tes maux, loin de te porter ces paroles conſolatrices qui euſſent doublé tes forces, ta femme inſulte à ton malheur, elle irrite les plaies de ton cœur ; & c'eſt alors que la piété t'abandonne, que ta conſtance s'éloigne, que les forces te manquent ; tu ne retrouves ces dernières, après ſept jours d'un ſilence, occaſionné par la douleur, que pour maudire le jour de ta naiſſance & pour deſirer la mort.

O François ! ô mes Concitoyens ! que cet exemple eſt terrible. Oui, le malheur de perdre tout ce qu'on poſsède, d'être réduit à l'état de Job, eſt ſupportable pour l'être qui croit encore ne pas exiſter ſeul : mais perdre tout ce qui nous attache à la vie, ou par un crime qui rompt les nœuds qui nous lient à une femme adorée, à un époux chéri, ou par l'abandon dans lequel nous laiſſe, au moment de nos malheurs, un mari, ou une épouſe dont la confiance nous tenoit lieu de tout : voilà, voilà des malheurs irréparables. Si quelqu'un de vous les éprouva jamais, & qu'un feu nouveau ne les lui ait pas encore fait oublier, il ſait l'infortuné, que le Soleil peut éclairer l'Univers, ſans qu'il profite de la chaleur de ſes rayons ; que la roſée peut déſaltérer les plantes, ſans qu'une ſeule de ſes larmes précieuſes adouciſſe la peine qu'il reſſent : le printems vivifie la terre, la pare de verdure &

de fleurs pour tout autre que pour cet être malheureux; l'été mûrit des épis qu'il dédaigne de moissonner ; l'automne produit des fruits qu'il ne pense pas à cueillir : l'hiver enfin amène des frimats ; & cet homme dont le cœur est consumé par le chagrin, se demande si la nature est changée pour lui : le feu qui le dévore, ne lui laisse appercevoir ni neiges, ni glaces : il est seul dans un désert, & dans un désert plus brûlant que ceux de l'Afrique ; comme Job, il maudit son existence ; comme Job, il en demande la fin : il sera dans cet état jusqu'à ce qu'il l'ait obtenue, ou juisqu'à ce qu'une nouvelle passion soit venue le consoler. Est-il quelqu'un d'assez coupable parmi vous, François, pour qu'au moyen de l'indissolubilité, vous vouliez le dévouer à un pareil supplice, & que vous l'y condamniez pour toujours?

Si une loi aussi cruelle pouvoit être adoptée, ce ne seroit pas, sans doute, par les Législateurs qui viennent d'accorder une pension à la veuve de Jean-Jacques Rousseau, à la veuve de ce Philosophe qui rendit de sa femme ce glorieux témoignage! *Elle a fait ma consolation dans mes malheurs ; elle me les a fait bénir.* Ah! quelle méritoit d'être associée à la gloire de son mari, & d'être citée pour modèle aux Citoyennes Françoises.

Elle n'est pas la seule qui ait mérité un pareil éloge. Amis de ce sexe adoré, parcourez les différentes classes de la société : dans toutes vous verrez des femmes partager généreusement le sort de leur époux malheureux (1);

(1) Un Suédois fut condamné aux mines ; sa femme, jeune, aimable & innocente, demanda & obtint d'être descendue dans les entrailles de la terre, pour y passer sa vie avec lui. Elle étoit sans doute non-seulement l'épouse, mais l'amante de son mari ; elle jugea qu'il n'étoit pas réellement coupable du crime dont il avoit paru convaincu, ou l'amour fut plus fort que l'horreur qu'inspire l'idée de se voir liée pour toujours à un criminel. J'ajouterai qu'en Suède le Divorce est permis par les lois civiles & par la discipline ecclésiastique protestante. Amateurs de l'indissolubilité! citez-moi de pareils miracles dans les pays

Ah! qu'ils habitent une chaumière, & qu'une houlette soit tout leur bien; qu'ils logent dans des palais & tiennent le sceptre, tous vous diront avec l'Auteur d'Emile, en parlant de leurs épouses; *Elles ont fait notre consolation dans nos malheurs, & elles nous les ont fait bénir.* Fussent-elles accusées par la méchanceté des hommes, de les avoir attiré ces malheurs, vous les respecterez alors, Nation généreuse & sensible; & vous les défendrez de la calomnie qui cherche à les déchirer: vous ne croirez pas que les vices puissent être unis avec la plus sublime des vertus. La veuve de Rousseau fut calomniée dans les cercles, & elle vient d'être justifiée dans l'Assemblée de la Nation. Juste, envers toutes ces femmes, comme vos Représentans l'ont été pour celle-ci, vous les protégerez comme vos Législateurs l'ont protégée; & vous joindrez vos vœux aux leurs pour que toutes nos Citoyennes imitent ce que plusieurs d'entr'elles nous forcent d'admirer.

Mais si l'épouse de l'immortel Jean-Jacques eût eu autant de vices, qu'elle montra de vertus; eussiez-vous condamné ce Philosophe à être éternellement malheureux; l'eussiez vous forcé à mentir à ses yeux & à sa conscience, en lisant l'Evangile, comme l'expliquent les Docteurs modernes de la communion latine; l'eussiez-vous obligé à suivre un usage diamétralement opposé à la nature, dont il fut le confident; à sa religion, dont il fut le fidèle observateur; au bon gouvernement & aux bonnes mœurs, dont il fut l'Apôtre. Ah François! souvenez-vous qu'il desira vous voir libres & heureux; & pour le devenir, suivez ses préceptes.

---

que vous tyrannisez: les unions presqu'aussitôt rompues que formées dans tous les pays Catholiques de votre Rit, des coups de poignards en Italie & en Espagne, des séparations en France nous attestent que vous savez faire fuir l'amour & faire naître les crimes lorsque vous vous mêlez des mariages.

NOTE

NOTE

Servant à prouver que le système de l'indissolubilité absolue du mariage ne s'est établi qu'après que les Prêtres ont été forcés de garder un célibat absolu, & que cette dernière obligation ne remonte qu'au douzième siècle, époque de la cessation de l'usage du Divorce & de sa condamnation dans les Ecoles, tenues toutes alors par des Ecclésiastiques.

LA soumission des Prêtres Orientaux, à la loi du célibat, grande & importante conquête des Papes, puisqu'elle servit de base à leur puissance, ne fut pas une soumission produite par un consentement libre & volontaire; elle fut arrachée par la force & la violence.

Saint Paul veut que les Evêques n'aient épousé qu'une seule femme, qu'ils gouvernent bien leur propre famille, & qu'ils maintiennent leurs enfans dans l'obéissance & dans toutes sortes d'honnetêtés; vouloir que l'Evêque n'eût épousé qu'une seule femme; ne pas exiger qu'il fût veuf, étoit-ce là obliger les Prêtres au célibat? Suivons les autres autorités par ordre de dates.

Platine nous apprend, qu'après saint Pierre & saint Lin, saint Clet occupa la chaire apostolique; & que ce Pape, qui vécut quatre-vingt-trois ans, avoit une femme en Bithynie. *Vixit annos octoginta tres uxorem habens in Bithynia*, tel est le texte de la première Edition (Venise 1479) de la seconde (Cologne même année) de celle de Nurremberg 1481, & de toutes celles conformes à la première.

Comme il résultoit de ces mots, ce que Platine avoit réellement dit, que saint Clet avoit une femme, de prétendus correcteurs ont pensé qu'il ne falloit pas convenir qu'un Pape eût conservé son épouse ; & pour détruire ce qui leur déplaisoit dans l'Auteur, ils ont corrigé cet Ouvrage à leur manière, & prêté à Platine une sottise qu'il n'a pas eu l'intention de dire, & qu'il n'étoit pas dans la leur de lui supposer. Effectivement le *non* qu'ils ont intercallé en cette sorte *uxorem non habens in Bithynia*, ne signifie point que ce saint Pape n'avoit pas de femme ; mais qu'il n'en avoit point en Bithynie, d'où il résulte la conséquence nécessaire qu'il en avoit une *ailleurs*, ou qu'il falloit supprimer la phrase ; les Editions de Cologne 1568 & 1574, enfin, toutes celles auxquels nos Moines ont présidé, portent ce second texte absolument ridicule.

245. A Saint Austremoine, premier Evêque de l'Eglise d'Auvergne, succéda Urbicus, l'un des Sénateurs de cette ville qui s'étoient convertis : il avoit une femme qui vivoit religieusement éloignée de la cohabitation de ce saint homme, suivant la coutume ecclésiastique, *quæ juxta consuetudinem ecclesiasticam remota à consortio sacerdotis religiosè vivebat*, dit Grégoire de Tours qui fleurissoit au sixième siècle.

Je n'affoiblis point les textes que mes adversaires pourroient invoquer, je les leur offre : il résulte de celui-ci qu'élevés au suprême sacerdoce, les Evêques & leurs femmes consentoient à vivre séparés : mais le mutuel consentement étoit nécessaire ; ce n'étoit d'ailleurs qu'une coutume, & cette coutume ne regardoit que les Evêques ; or il étoit rare qu'on ne choisît pas alors des Prélats qui, à un âge mûr, joignoient une grande piété, & qui en avoient donné des preuves pendant qu'ils n'étoient que simples Prêtres ; il étoit rare aussi qu'on ne considérât pas les vertus de leurs femmes : on verra tout-à-l'heure que les Prêtres, que la coutume n'engageoit pas à se séparer de leurs épouses, devoient veiller sur leur conduite, & les répudier si elles devenoient adultères, à peine d'être eux-mêmes chassés de l'Ordre du Clergé.

314. Le Concile d'Ancire, Métropole de la Galatie, prouve ce que nous venons d'avancer en faveur des Prêtres : bien loin de les forcer de se séparer de leurs épouses, le Concile décide, Canon 10, que les Diacres qui, à leur ordination, ont

protesté qu'ils prétendoient se marier, s'ils l'ont fait ensuite, demeureront dans le ministère, & que s'ils n'ont rien dit lors de leur ordination, & qu'ils se marient ensuite, ils resteront privés du ministère; on voit par ce Canon, exactement suivi dans tout l'Orient & observé long-temps dans l'Occident, que les Ecclésiastiques pouvoient se marier, même après avoir reçu l'ordre de Diacre: c'est ce qui est pratiqué dans toutes les Eglises Grecques, Syriaques, &c. Je dis plus, on verra, lorsqu'on se marioit, après avoir été ordonné Prêtre, ou lorsqu'après son ordination on se consoloit du veuvage par de secondes noces, que la seule peine qu'on encouroit étoit d'être privé de l'exercice du saint ministère, & par une suite nécessaire de ses bénéfices, peine textuellement exprimée dans les Conciles suivans.

Même année 314, le Concile de Néocésarée condamnoit à un certain temps de pénitence, comme nous l'avons remarqué pages 173 & 201 de nos observations, ceux qui se marioient plusieurs fois; & ce même Concile décide, Canon 8, qu'on ne pourra ordonner un Laïc dont la femme est convaincue d'adultère; mais que si, au contraire, elle commet adultère après l'ordination du mari, & que ce dernier ne la renvoie pas, il sera privé de son ministère.

Pourquoi, se demande-t-on, le mari laïc est-il regardé comme impur, parce que sa femme est adultère? Pourquoi est-il repoussé de l'autel pour une faute qui n'est pas la sienne? par la même raison qui en écartoit celui qui avoit épousé une veuve ou une divorciée. Mais pourquoi dans le second cas, après l'ordination de ce mari, obligeoit-on ce dernier, sous peine de quitter son ministère, de renvoyer cette femme que MM. de Rastignac, Baruel & autres veulent que le mari laïc garde perpétuellement? c'est parce que les préceptes portent. *Celui qui garde une adultère est un fou ou un impie. Retranchez-la de votre chair, car celle qui a tourné ses vœux vers un autre homme, n'est plus propre à vous aider; mais elle l'est à vous tendre des embûches*, & que les ayant suivis, le Prêtre avoit à choisir entre la continence volontaire ou de secondes noces, après le Divorce effectué: dans le premier cas, il étoit conservé dans le sacré ministère; dans le second, de nouvelles noces le privoient, à la vérité, de l'honneur d'en exercer les fonctions; mais il étoit des Ecclésiastiques auxquels ce remède étoit tellement nécessaire pour ne pas brûler, qu'ils étoient forcés d'y avoir recours, malgré la sévérité de la loi.

325. Concile de Nicée: on peut recourir (page 204 de nos Observations) à ce que nous avons dit de ce Concile; on y verra que sur les représentations de saint Paphnuce qui appelloit l'habitation constante des maris avec leurs femmes, une des plus belles continences, les Pères qui avoient voulu priver les Prêtres, Diacres, &c. de leurs épouses, changerènt de résolution, & laissèrent, à ceux qui le desiroient, la liberté de s'abstenir de leurs femmes, pourvu que ce fût d'un mutuel consentement: ces Pères défendirent, à la vérité, aux Evêques, Prêtres, Diacres & Clercs, d'avoir chez eux des femmes sous-introduites. En comparant la détermination prise d'après l'avis de saint Paphnuce, & ce canon, on voit évidemment que les Pères du Concile n'entendoient leur défendre par ce dernier que l'adultère, la polygamie, la fornication & le concubinage, espèce de fornication qui, quoique permise par la loi, répugnoit à la sainteté de leur ministère, autant qu'un mariage avoué, & un bon ménage qui en étoit la suite, faisoient honneur & à la religion qui le permettoit & à l'époux qui en étoit le ministre.

379. Saint Bazile, dans son Epître canonique à Amphiloque, nous apprend que la fornication des Clercs, qu'il appelle *canoniques*, mot duquel nous fait celui de Chanoines, ne peut être regardée comme un mariage; il dit que cette union est absolument nulle. Cette décision prouve combien le mariage est différent d'un commerce impur; le premier étoit estimé; le second étoit rejeté comme contraire aux mœurs & même à la sureté de l'Eglise, exposée alors à la calomnie.

385. Le Pape Saint Sirice, dans son Epître à l'Evêque de Tarragone, veut que les Prêtres se marient une seule fois, d'après ces mots du Lévitique, *sacerdotes mei semel nubant*, qu'ils épousent une vierge & non une veuve, une divorciée ou une libertine, d'après Ezéchiel; enfin que le Diacre & le Prêtre ne convolent point à de secondes noces, suivant l'avis de l'Apôtre à Timothée.

420. Dans le Code, liv. I, titre III, *de Episcopis & Clericis*, loi 19, les Empereurs Honorius & Théodose, disent qu'il ne sied pas à celui qui veut vivre dignement selon son état, d'être calomnié par la compagnie d'une femme appelée sœur; en conséquence, ils interdisent à tout Prêtre ou Clerc d'avoir

pour compagnes des femmes étrangères *extraneas mulieres:* & cependant, ils leur permettent de retirer leurs mères, leurs filles & leurs sœurs dans leurs maisons ; mais ils les exhortent en même temps à ne point laisser celles qui, avant qu'ils eussent reçu l'ordre de prêtrise, ont mérité par une conduite chaste & exemplaire, l'honneur d'un légitime mariage; car, ajoutent ces Législateurs, celles-ci ne sont point incompétemment unies avec les Clercs; elles qui, par la sainteté de leur conversation, ont rendu leurs époux dignes du sacerdoce.

Peut-on une explication plus claire de ce que porte le Concile de Nicée que ces Empereurs respectoient, & dont ces Princes firent observer la discipline par plusieurs lois très-Catholiques ?

Le Pape Léon fit ses efforts dans ce siècle pour engager les Evêques & les Prêtres, même les Diacres, à ne pas user de leurs droits avec leur épouse ; il dit bien qu'ils devoient ne pas les renvoyer, mais les garder, comme s'ils ne les avoient pas : c'est ce qui résulte de son Epître 4 à Anastase, Evêque de Thessalonique, & de son Epitre 2 à Rustique, Evêque de Narbonne.

Mais, dans une autre Epître, qui est la 85e, insérée dans le premier Tome des Conciles, la 91e de l'Edition de Rome, imprimée en 1591, & la première, dans la dernière Edition, il annonce aux Evêques de la Province de Mauritanie-Césarée en Afrique, qu'il a suspendu des fonctions de la Prêtrise, celui qui étant Prêtre, après avoir divorcié avec sa femme, en a épousé une seconde, quoique la première fût encore vivante ; nous renvoyons à ce que nous avons dit à ce sujet, en parlant du Divorce, dans nos précédentes observations, sur le cinquième siècle; il nous suffit d'observer ici que les Prêtres pouvoient donc se marier après leur ordination, soit qu'ils fussent encore garçons, soit qu'ils fussent veufs, soit qu'ils eussent divorciés; & que la seule peine étoit la cessation de leurs fonctions; car, dans cette dernière circonstance, comme nous l'avons déja remarqué, le Pape, moins rigide que les anti-divorciaires (1), n'a point déclaré nul le second mariage,

(1) A l'occasion de cette rigidité, soutenue par un grand nombre d'Ecclésiastiques, & sur-tout de Moines, on peut avec Salvien, célèbre Auteur des Gaules, surnommé le Maître des Evêques & le Jérémie du cinquième siècle, leur appliquer ce que cet Ecrivain disoit de ceux qui

& n'a pas forcé ce Prêtre de revenir à une première épouse, qui avoit sans doute mérité son renvoi.

452. Second Concile d'Arles, les Pères qui le composoient étoient contemporains de Salvien que nous venons de citer; ils l'étoient également de saint Léon, & ils vivoient, dans un temps trop peu éloigné du Concile de Nicée, tenu en 325, pour ne pas avoir connu l'intention des Pères qui le composoient, mieux que nous ne pourrions la deviner maintenant; car nous ne pouvons en juger que par leurs expressions, & les Pères du second Concile d'Arles avoient de plus, & un rapprochement d'époque, & une liaison essentielle avec l'Eglise Grecque, mère de la plupart des Eglises des Gaules; car les Apôtres de cette région étoient Grecs: par le second Canon de ce Concile, ces Pères disent qu'il ne faut pas prendre pour élever au Sacerdoce celui qui est engagé dans les liens du mariage, à moins que sa conversion n'ait été promise, *assumi aliquem ad sacerdotium in vincula conjugii constitutum, nisi fuerit promissa conversio non opportet;* mais que signifient ici ces mots *nisi fuerit promissa conversio?* ce ne peut être que ce consentement mutuel que les Pères de Nicée souhaitoient; mais qu'ils ne forçoient pas: ces mots sont d'aillleurs expliqués par ceux-ci de Salvien, *non est ista conversio, sed aversio*, qu'on ne peut entendre que dans ce sens.

506. Le Concile d'Agde permet aux bigames & à ceux qui ont épousé des veuves de retenir le nom de l'ordre qu'ils ont reçu; mais il leur défend cependant d'en exercer les fonctions. La discipline soumettant les secondes noces à la pénitence publique, on devoit regarder alors comme contraire à la décence qu'un pénitent fût admis aux fonctions du saint ministère; mais cette loi prouve que, bien loin d'interdire aux Prêtres un premier mariage, l'Eglise toléroit même qu'ils eussent recours à un second, qu'elle ne déclaroit pas celui-ci nul, & que les Prêtres qui se le permettoient n'encourroient d'autres peines que l'abstention de leurs fonctions.

---

défendoient le mariage, *dum licita non faciunt, illicita committunt. Vos qui opus honesti matrimonii reliquistis, à scelere abstinete. Peccata interdixit Deus non matrimonia, non est ista conversio, sed aversio.*

511. Le Concile d'Orléans défend aux femmes des Prêtres & des Diacres de se remarier. Nous ne pouvons deviner le motif qui les oblige à brûler, malgré elles & quoiqu'elles n'en eussent pas pris l'engagement; mais nous concevons bien que le même Concile, Can. 13, ait défendu aux Evêques, Prêtres & Diacres, la familiarité avec les femmes étrangères. Ce Canon, conforme au précepte de Salomon, *bois l'eau de ta citerne*, leur défend l'usage des puits étrangers; mais ne leur interdit point d'étancher leur soif dans le leur.

517. Le Concile de Gironne défend aux Evêques, Prêtres & Sous-diacres d'habiter avec leurs femmes. On choisissoit alors les plus honnêtes gens pour les élever aux ordres, c'étoit donc punir les épouses des vertus de leurs maris.

517. Le Concile d'Epaone est semblable à celui d'Orléans, & porte la même peine contre les pauvres veuves.

524. Le Concile de Lérida condamne les Clercs qui ont des familiarités avec les femmes étrangères, n'est-ce pas leur permettre l'usage des leurs ? la loi du célibat n'étant pas encore établie.

529. Le Concile de Vaizon dit que les Prêtres, établis dans les Paroisses, recevront chez eux les jeunes lecteurs *qui n'ont point de femme, selon la louable coutume pratiquée en Italie.*

538. Le Concile d'Orléans ordonne que ceux qui sont dans les ordres sacrés garderont le célibat. On ordonnoit alors des Prêtres mariés, il n'étoit donc question que de ceux qui ne l'étoient pas encore.

567. Le deuxième Concile de Tours ordonne à l'Evêque de vivre avec sa femme comme sa sœur, s'il est marié; & s'il ne l'est pas, lui défend d'avoir chez lui des femmes étrangères.

583. Le troisième Concile de Lyon renouvelle les défenses faites aux Clercs d'avoir chez eux des femmes étrangères, & défend *à ceux qui sont obligés de garder le célibat*, de vivre

familièrement avec leurs femmes ; il exiſtoit donc encore des Clercs mariés, & dont les femmes étoient par ce Concile condamnées à la pénitence ; mais remarquons qu'on n'y condamne que celles des Clercs qui étoient obligés de garder le célibat.

585. Le deuxième Concile de Mâcon défend aux veuves des Sous-Diacres, Exorciſtes & Acolytes de ſe remarier. Ce Concile eſt plus dur que les précédens, qui n'avoient pas condamné ces dernières à une viduité perpétuelle.

589. Le troiſième Concile de Tolede ordonne aux Evêques, aux Prêtres & aux Diacres, qui reviennent de l'héréſie à l'Egliſe Catholique, de vivre en continence avec leurs femmes, & de demeurer dans la même chambre. C'étoit rendre cette continence bien difficile, & par conſéquent bien méritoire ; mais le deuxième Concile de Nicée, qui défend d'établir des Monaſtères doubles, c'eſt-à-dire habités par les deux ſexes, me paroît plus prudent.

590. Le Concile de Séville ordonne que ſi les Prêtres, avertis par leur Evêque, n'éloignent pas de chez eux les femmes étrangères, les Juges ſeront en droit de s'attribuer ces mêmes femmes comme eſclaves. Nous ne pouvons que gémir de voir des lois auſſi tyranniques, portées par des Prélats Chrétiens ; les Prêtres pouvoient avoir très-grand tort d'avoir chez eux des femmes étrangères ; ces femmes pouvoient être très-puniſſables : mais que l'autorité ſpirituelle porte, contre des individus foibles, la loi de l'eſclavage, c'eſt ce qui paroîtra révoltant à tout véritable Chrétien. On ſait que l'eſprit de la Religion qu'a prêchée Jéſus-Chriſt eſt de rendre, au contraire, tous les hommes égaux & libres.

594. Telles étoient ſans doute les erreurs du temps ; car ſaint Grégoire, Pape, écrivant à Evêque de Cagliari, lui dit, en parlant des payſans, ſerfs des Egliſes, *ſi le payſan demeure obſtiné dans ſon infidélité, il faut le charger d'une ſi forte impoſition, qu'elle l'oblige à entendre raiſon ;* maxime que j'aurois oſé dire exécrable, ſi elle fût partie de la bouche d'un deſpote laïc ou d'un de ſes miniſtres, & que je me permettrai de ne pas trouver louable, quoiqu'elle ſoit ſortie de celle d'un Saint.

597. Le Concile national de Tolede ordonne qu'on déposera les Prêtres ou les Diacres qui ne garderont pas la continence; c'étoit, sans doute, celle dont parle saint Paphnuce : *habiter*, suivant lui, *avec son épouse est une assez grande continence ;* & le célibat ne faisoit pas encore loi.

619. Le deuxième Concile de Séville déclare nulles les ordinations des Clercs qui ont épousé des veuves, & défend de les élever au Diaconat; les Clercs se marioient donc alors en Espagne, & pourvu qu'ils eussent épousé des vierges, comme cela se pratique encore en Orient, leur ordination étoit donc valable.

655. Le neuvième Concile de Tolede soumet aux peines canoniques les Ecclésiastiques incontinens qui sont obligés de garder le célibat; par le Concile qui précède, on voit qu'il n'étoit question que de ceux qui n'étoient pas mariés avant leur ordination ou qui avoient fait vœu de continence.

683. Le treizième Concile de la même ville défend d'épouser les veuves des Rois; cette défense est toute aussi étonnante que celle faite aux veuves des Evêques, des Prêtres, des Diacres, des Sous-Diacres, même des Exorcistes & des Acolytes, de passer à de secondes noces. Fit-on alors aux Rois l'honneur de les regarder comme du Clergé; ou, comme le prétendent quelques Historiens, la vue de faire leur cour au Roi Hervige, qui craignoit de voir la veuve de son prédécesseur se remarier, décida-t-elle les Evêques de ce Concile à dresser un article qui regardoit autant le temporel?

752. Le Concile de Verberie défend au Prêtre de se marier, sous peine de perdre son rang; il le pouvoit donc à cette condition; il décide ensuite que, si quelqu'un épouse la femme que ce Prêtre a été obligé de quitter, il sera aussi dans l'obligation de la quitter; mais qu'il pourra en épouser une autre. Si le premier mariage étoit nul, on ne voit pas pourquoi le second ne pouvoit avoir lieu; l'obligation de viduité, imposée à une fille trompée par un Prêtre, paroîtra dans l'ordre de la religion, de la nature & de la raison, une inconséquente cruauté.

755. Le Concile de Verneuil enjoint aux Clercs de vivre

en Chanoines, sous la conduite de leur Evêque; c'est donc principalement à l'établissement des maisons canoniales, qui avoient adopté la vie des Cénobites, que le systême du célibat des Prêtres a dû son adoption générale dans l'Occident, parce qu'alors les Chanoines faisoient des vœux & les tenoient.

791. Le Concile d'Aquilée défend aux Ecclésiastiques l'habitation avec les femmes: on ne doit pas perdre de vue que c'est en Italie que l'usage du célibat & l'institution de la vie canoniale ont pris naissance; voir à cet égard plus haut année 529.

826. Le Concile de Rome ordonne de juger, suivant la rigueur des canons, les Ecclésiastiques qui sont dans les ordres sacrés, s'ils ne veulent quitter la familiarité qu'ils ont avec une personne du sexe.

866. Au moyen des différentes tentatives que les Papes avoient faites depuis saint Léon, pour engagerles Prêtres à garder le célibat, les Bulgares, qui avoient reçu en 865 la lumière de l'Evangile par un Evêque qui leur avoit été envoyé de Constantinople, envoyèrent au Pape Nicolas I, & le consultèrent sur différentes questions: l'une d'entr'elles étoit de savoir, s'ils devoient nourrir & honorer un Prêtre, ayant une femme, ou, s'il le falloit chasser, attendu que les Prêtres sembloient obligés à la continence; on voit par cette demande que les Bulgares étoient très-peu instruits de la religion qu'ils venoient d'embrasser. Ce Prêtre étoit, sans doute, un de ceux que l'Evêque leur avoit amené. Si cette question paroît ridicule, la réponse du Pape ne l'est pas moins; car, au lieu d'expliquer à ces nouveaux convertis, que le mariage d'un Prêtre n'empêche pas qu'il ne puisse être Saint; au lieu de lever leurs scrupules, en leur expliquant & le sentiment de l'Apôtre & celui des Pères de Nicée; ce Pape, qui songe sur-le-champ à augmenter l'étendue de son Patriarchat, & à enlever au Siège de Constantinople la conquête spirituelle qu'il venoit de faire, répond que, quoique de tels Prêtres soient très-répréhensibles, néanmoins ceux qui l'établissoient devoient imiter notre Sauveur, qui, comme le dit l'Evangile, fait lever son soleil sur les bons & sur les mauvais, & fait pleuvoir sur les justes & sur les injustes; mais, ajoute-t-il, vous ne devez pas pourtant le rejetter, puisque notre Seigneur n'a pas rejeté du

nombre des Apôtres, le traître Judas, encore qu'il fût disciple menteur. Comparer un Prêtre bon Catholique, & dont on ne se plaignoit pas, à l'apôtre Judas, parce que ce Prêtre est marié conformément au rit dans lequel il a été élevé & ordonné . . . quel abus de pouvoirs? Les erreurs se touchent; ce Pape est le premier qui ait attaqué l'usage du Divorce & le droit des Souverains sur les mariages; les moyens lui importoient peu, pourvu qu'il augmentât son pouvoir: avec moins d'ambition pour l'autorité temporelle, il eût empêché le schisme de Photius; mais il vouloit être Maître & Souverain en France, en Bulgarie & à Constantinople.

866. On vient de voir comment le célibat des Prêtres s'étoit établi. Ce fut à cette époque que *Photius*, Patriarche de Constantinople, accusa ceux des Latins qui vouloient courber la tête des Ecclésiastiques sous ce joug, & particulièrement les Papes, d'avoir adopté le manichéisme. Malgré la défense de ces Pontifes, la loi n'étoit pas généralement suivie.

868. Le Concile de Worms porte la loi du célibat pour tous les Ordres sacrés.

888. Le Concile de Mayence porte que les Clercs n'auront absolument aucune femme logée chez eux, à cause des désordres qui en étoient arrivés, *des Clercs ayant corrompu même leur propre sœur*. Qu'il est malheureux que la sévérité de la discipline des Eglises d'Italie ait produit, même en Allemagne, de tels crimes! celle des Grecs a sauvé leurs Papas de ce danger.

Le Concile de Metz, de la même année, ordonne la même chose.

907. Concile de Constantinople où assistent tous les Prélats orientaux, qui ne prêchoient pas le célibat; les Légats qui le présidèrent, ne lancèrent pas anathême contre le mariage des Prêtres Grecs, Syriens, Arméniens, Egyptiens, &c., ni contre l'usage du divorce subsistant dans leurs pays.

909. Le Concile de Téosly porte les mêmes dispositions.

952. Le Concile d'Ausbourg défend aux Prêtres d'avoir chez eux des femmes *sous-introduites*; on entendoit par-là celles

qui leur tenoient lieu des épouses qu'on leur avoit interdites par ce dernier Concile, & dont les services les empêchoient de *corrompre même leurs sœurs*. Mais ce Concile eut la dureté de permettre à l'Evêque de faire fustiger & tondre ces pauvres femmes. Porter cette loi, & la faire exécuter, ne nous semble nullement du ressort de la puissance spirituelle.

1009. Le Concile d'Acnham enjoint aux Prêtres, & à ceux qui sont dans les ordres sacrés de garder le *célibat* : pour les y engager par des récompenses temporelles, on y déclare que ceux qui garderont la continence seront traités comme nobles : cette vertu étoit si peu observée alors en Angleterre, que quelques Ecclésiastiques avoient deux à trois femmes, & que ce désordre étoit passé en coutume. Si on observe que les nobles regardoient cet abus comme une marque de leur dignité, on doit être etonné de ce que pour décider les Ecclésiastiques à vivre dans la continence, on leur promettoit de les traiter comme ceux qui croyoient ne devoir pas être soumis à la pratique de cette vertu.

1012. Le Concile de Pavie défend aux Prêtres d'avoir des concubines, & aux Evêques d'avoir des femmes chez eux ; différence bien remarquable entre ces deux défenses.

1031. Le Concile de Bourges veut que l'Evêque oblige les Sous-Diacres de promettre avec serment, dans le temps de l'ordination, qu'ils garderont le célibat ; quelle différence entre les deux communions ! Dans l'Eglise Grecque, l'Evêque aide le Diacre, qui n'a pas embrassé l'état religieux, à choisir une femme avant de l'ordonner prêtre : dans l'Occident, on refuse d'ordonner Sous-Diacre celui qui ne se soumet pas à la continence. Ce vœu forcé prouve combien l'obligation qu'il imposoit étoit contraire à la nature, & combien le célibat étoit peu exigé par la loi divine; sans cela, on n'eût pas eu besoin d'exiger un vœu. Le même Concile défend de donner sa fille à un Prêtre, Diacre ou Sous-Diacre, ni à leurs enfans, ou d'épouser leurs filles ; que de précautions pour s'assurer de l'exécution d'un vœu extorqué sans nécessité ! On les poussa jusqu'à l'atrocité, puisqu'on fit retomber la peine sur leurs enfans, qu'on empêcha de se marier. Si un Prince eût fait de telles lois, on eût maudit le tyran. Après leur avoir interdit le mariage, on ne doit pas être étonné de ce que ce Concile défend aux Clercs d'avoir des concubines, espèces de femmes du fecond ordre, autorifées par les Lois Romaines qu'on fuivoit encore en France.

1049 *ou* 1050. Concile de Mayence où l'on défend le mariage des Prêtres; & l'Archevêque Albert, pour faire mieux obferver ce décret, excommunie leurs concubines, & les chaffe militairement de la ville : l'exécution militaire étoit de trop.

1057. Le Roi Guillaume fait tenir un Concile en Angleterre, on y défendit aux Evêques de condamner les Prêtres, à caufe de leurs femmes; on voit par-là ou qu'on ne fuivoit pas, dans la Grande-Bretagne, ni même dans tous les Diocèfes de la France, & notamment dans ceux de la Normandie, les ordonnances du Concile de Bourges, ou que la nature favoit faire oublier facilement des vœux extorqués.

1059. Le Concile de Rome défend d'entendre la meffe d'un Prêtre qui a une concubine, & veut qu'on excommunie un Laïc qui a tout-à-la-fois une femme & une concubine; on voit par cette différence que notre diftinction entre la femme & la concubine eft jufte, puifque l'ufage de cette dernière étoit permife au Laïc qui n'avoit point de femme.

1072. Le Concile de Tours prive les Prêtres, les Diacres & les Sous-Diacres, qui font mariés, des revenus de l'Eglife; il n'exiftoit donc encore d'autre Loi pénale que la privation du bénéfice, dans le cas où le Clerc fe marioit.

1074. Le Concile de Rouen défend d'ordonner des Sous-Diacres, Diacres ou Prêtres, s'ils ne font profeffion folennelle entre les mains de l'Evêque.

1074.
1075. } Deux Conciles de Rome contre les Prêtres concubinaires; on y voit les foins des Papes pour faire paffer cette loi difficile du célibat, qui fait gémir plufieurs des Eccléfiaftiques qui l'obfervent, & qui caufe des malheurs irréparables, dans l'ordre actuel, fi quelqu'un d'eux l'oublie.

1076. Le Concile de Rome fufpend de leurs fonctions les Evêques qui fouffrent que des Prêtres, des Diacres & des

Sous-Diacres ne gardent pas le célibat ; cet article, sans doute, n'a jamais regardé les Prélats de l'Orient, qui n'ont pas plus adopté le célibat des Prêtres que l'indissolubilité absolue du mariage.

1078. Le Concile de Poitiers, tenu par un Légat, malgré la défense du Roi de France, fait défense aux Sous-Diacres & Prêtres d'avoir des concubines ni autres femmes suspectes avec eux, & déclare excommuniés tous ceux qui entendront la messe d'un Prêtre qu'ils sauront être concubinaires.

1085. Le Concile de Quintilinebourg en Allemagne, renouvelle la loi du célibat pour les Prêtres, les Diacres & les Sous-Diacres.

1089. Le Concile de Rome ordonne qu'on ne reçoive personne dans les ordres sacrés, s'il ne garde le célibat. Voilà la première loi qui oblige absolument à l'observation de cette règle austère en Italie ; on verra les Anglois & les François continuer de trouver cette loi dure & tâcher de l'éluder.

1095. Le Concile de Clermont ordonne que les Ecclésiastiques garderont le célibat & leur défend d'avoir des concubines.

1102. Le Concile de Londres renouvelle la loi du célibat aux Ecclésiastiques, & défend aux Archidiacres, aux Diacres, aux Chanoines & aux Sous-Diacres d'avoir des femmes ; il défend aussi aux Prêtres de dire la messe après avoir eu commerce avec une femme, & aux Laïcs qui le savent d'entendre leurs messes ; il défend enfin aux enfans des Prêtres de succéder à leurs bénéfices.

1108. Le Concile de Londres ordonne que les Prêtres qui ne voudront pas garder la continence soient interdits de toutes fonctions, privés de leurs bénéfices & déclarés infâmes, & que ceux qui auront quitté leurs femmes seront interdits pendant quarante jours pour faire pénitence.

1119. Cette année fut celle où commencèrent les chagrins cuisans d'Abailard, né en 1079 : âgé alors de 27 ans, Clerc

& pourvu d'un canonicat à la Métropole de Sens, Professeur estimé dans l'Université de Paris, cet homme, trop célèbre, ne fut pas moins sensible: sa réputation & ses amours causèrent son malheur. Héloïse lui donna un fils; il voulut sacrifier au bonheur d'être à elle, non-seulement sa chaire & son bénéfice, mais même l'espérance de devenir Evêque; car les lettres alors conduisoient à cette dignité. Héloïse résista; elle étoit attachée à Abailard pour lui-même, & s'immolant elle-même, elle disoit qu'elle aimoit mieux être l'amie que l'épouse d'un homme qu'elle jugeoit digne d'une grandefortune: les Conciles, dont nous venons de parler, avoient malheureusement ôté à Abailard, la possibilité de conserver son bénéfice & même d'être utile à l'Église & à l'Université, en se mariant, puisqu'il falloit être Clerc pour pouvoir enseigner, non-seulement la Théologie, mais même les Belles-Lettres.

Abailard aimoit & avoit le bonheur d'être père, il se décida à devenir époux; mais cette loi, relative au célibat des Clercs; cette loi, dont l'aventure d'Héloïse prouvoit l'absurdité, décida les amans à un mariage secret; cette convention, à laquelle l'oncle d'Héloïse se prêta, est une preuve certaine de ce qu'alors on ne regardoit pas la loi du célibat comme absolue, même au for de la conscience. Ce nouvel usage de l'Église d'Occident fut cependant la cause de la perte de ces deux époux, dont on connoît la tendresse & le déplorable sort.

1119. Le Concile de Reims condamne les Prêtres, les Diacres & les Sous-Diacres, qui avoient des femmes ou des concubines; leur enjoint de les quitter, sous peine d'excommunication & de la privation de leurs bénéfices. Quitter leurs femmes? Quoi! malgré l'indissolubilité qu'on nous objecte? Ils pouvoient encore en France choisir entre leur épouse légitime, & le revenu de leurs bénéfices; & c'étoit leur donner le moyen de prouver que leur attachement étoit au-dessus de l'ambition & de l'avarice, défauts souvent reprochés à leurs successeurs.

1127. Le Concile de Londres défend aux Ecclésiastiques, dans les ordres sacrés, d'avoir chez eux des femmes. Il fait la même défense aux Chanoines; prive ceux qui ont des concubines de leurs bénéfices & des fonctions de leur ordre; charge les Archidiacres de veiller sur ces désordres, & d'en délivrer l'Eglise; enfin, il veut qu'on chasse hors des Paroisses les concubines des Prêtres & des Chanoines ; & condamne celles qui sont retombées dans ce crime à faire pénitence publique ou à être vendues comme esclaves. Cette dernière peine déja portée en 590, par le Concile de Sévile, ne paroît pas être Chrétienne : on croiroit lire une loi dictée par quelque horde Tartare, & non par des Evêques successeurs de ceux qui ordonnèrent, au Concile de Nicée, d'affranchir préalablement les esclaves qu'on vouloit épouser.

1138. Le Concile de Londres prive les Prêtres, les Diacres & les Sous-Diacres qui vivent dans l'incontinence de tous bénéfices & de leurs fonctions, & défend d'entendre leurs messes.

1139. Le Concile général de Latran veut que les Sous-Diacres, ou ceux qui sont dans les ordres plus élevés, qui se marient ou qui ont des concubines, soient privés de leurs offices ou de leurs bénéfices ; ils pouvoient donc encore se marier en consentant à ces sacrifices. Par le canon suivant, ce même Concile défend d'entendre les messes des Prêtres *mariés* ou concubinaires ; déclare les mariages des Prêtres, des Chanoines réguliers & des Moines, nuls ; & ordonne qu'on mette en pénitence ceux qui les auront contractés. En comparant ce dernier canon au précédent, il semble que le second ne regarde que ceux qui, comme Chanoines ou Moines, avoient fait vœu de continence.

De toutes ces autorités il résulte que les canons postérieurs qui ont rendu général l'usage du célibat pour les Ecclésiastiques & Clercs séculiers ne datent que du douzième siècle : en suivant avec quelque attention l'époque où l'usage du Divorce a cessé, on verra que l'oubli qu'on fit & de ce principe sacré que l'adultère rompoit le lien du mariage & de cette institution sage qui, sous le nom de Divorce, rétablissoit la paix dans les ménages & la conservoit dans la société ; on verra, dis-je, que cet oubli ne date que du moment où ceux qui enseignoient dans les écoles, furent obligés de renoncer au bonheur de l'hymen : on n'ignore pas qu'alors tous les Régens devoient être Clercs ; & nous avons observé que cette nécessité avoit causé les malheurs d'Abailard.

La différence qu'on remarqua par la suite entre les mœurs pures des Ministres Protestans mariés, & celles des Ecclésiastiques célibataires, décida l'Empereur & le Duc de Bavière

à

à demander au Concile de Trente, pour les Prêtres Catholiques, la permission d'avoir des épouses légitimes (1); elle fut malheureusement refusée. En récapitulant les avantages & les inconvéniens du célibat des Prêtres, aucun des véritables Catholiques n'hésitera de dire, avec le Pape Pie II, qui occupoit le Trône pontifical dans le quinzième siècle, *magna ratione sublatas sacerdotibus nuptias, majore restituendas*; c'est pour de grandes raisons qu'on a privé les Ecclésiastiques de la douceur des noces; mais de plus grandes raisons encore exigent qu'on leur rende le droit d'en user.

M. le Curé d'Herbisse a cru, avec raison, que ce droit étoit inhérent à l'homme & au citoyen, & qu'aucune des lois, portées jusqu'à ce jour, par les Pontifes, qui cherchoient à augmenter leur puissance, n'avoit pu l'en priver; en conséquence cet Ecclésiastique a contracté mariage provisoire & sous seing-privé, le 11 Mai 1790, avec Marie-Anne Puissaut: puisse son exemple être suivi! puisse la loi, qui doit y autoriser, être promptement rendue & montrer que l'autorité civile, en respectant les droits de la puissance spirituelle, a su rentrer enfin dans les siens!

PROCÈS-VERBAL

Contenant le Contrat de mariage de M. le Curé d'Herbisse.

CEJOURD'HUI dix-septième jour du mois d'Avril, l'an 1791, nous Officiers municipaux de la Commune d'Herbisse, District d'Arcis-sur-Aube :

Nous nous sommes transportés chez M. le Curé, à l'effet de lui représenter qu'il se tenoit des propos injurieux à sa réputation; que nous connoissions son civisme & ses vertus,

(1) Ces demandes se trouvent dans les actes du Concile, page 106 & 219; il faut voir en même temps les considérations sur lesquelles elles étoient fondées, *ibid.* page 223.

& que c'étoit par cette raiſon que nous étions affligés de ce qui ſe débitoit à ſon déſavantage. M. le Curé nous a répondu qu'il avoit toujours marché dans les ſentiers de la vertu, & qu'il continueroit à ſuivre juſqu'à ſa mort les principes de moralité qui avoient toujours dirigé ſa conduite; qu'à la vérité les bruits qui couroient n'étoient point faux; mais qu'outre ſa qualité de prêtre, il étoit homme & citoyen. Enſuite il nous a préſenté un contrat proviſoire de mariage, du 11 Mai 1790, conçu en ces termes:

Nous ſouſſignés Remi Vinchon, Curé d'Herbiſſe, & Marie-Anne Puiſſaut, avons fait, du conſentement de la veuve Puiſſaut, ſa mère, le contrat qui ſuit : moi Remi Vinchon, d'une part, conſidérant qu'après le droit de propriété, celui de s'unir par le mariage eſt un des droits naturels & impreſcriptibles de l'homme; mais connoiſſant, d'un autre côté, qu'il exiſte encore un obſtacle qui ſemble s'oppoſer au mariage d'un Prêtre, c'eſt que l'ancien régime à cet égard, n'eſt pas encore aboli, & que l'Aſſemblée Nationale n'a pas encore établi le mode à ſuivre pour jouir de ce droit inaliénable; cependant comme il eſt juſte que la perſonne à laquelle un Prêtre s'uniroit, ſe trouve, en attendant le décret de l'Aſſemblée Nationale, hors de toute ſurpriſe, en conſéquence, *moi Remi Vinchon, Curé d'Herbiſſe*, m'oblige proviſoirement & promets de donner à ladite Marie-Anne Puiſſaut 6000 liv. hypothéquées tant ſur mes biens-meubles qu'immeubles, préſens & à venir; d'autre part, Marie-Anne Puiſſaut voulant répondre à l'amitié que le ſieur Remi Vinchon, Curé d'Herbiſſe, a pour elle, promet & s'oblige de demeurer irrévocablement avec lui comme bonne & fidèle épouſe, en attendant la ratification du préſent contrat, & ſe réſerve de faire valoir ledit contrat proviſoire de mariage, en tant que beſoin ſera. Fait double entre nous ce 11 Mai 1790, & ont ſigné les contractans, la mère de la contractante, & autres témoins. *Signé* Marie-Anne Puiſſaut; Vinchon, Curé, C. Richard; J. B. Richard; Joſeph Puiſſaut; J. B. Puiſſaut.

Et ayant tranſcrit le préſent contrat en tout ſon contenu, nous lui avons repréſenté, qu'il conviendroit peut-être d'éloigner la ſuſdite; que l'opinion publique, quand même elle ſeroit erronée, méritoit des égards. Il nous a répondu que ce parti que nous lui propoſions lui paroiſſoit raiſonnable, & qu'il la placeroit dans quelque ville voiſine ſous peu de jours, d'autant plus que le terme de la ſuſdite n'étoit éloigné que d'environ cinq à ſix ſemaines.

Après avoir délibéré sur la réquisition du Procureur de la Commune, avons arrêté que le présent procès-verbal seroit envoyé directement à l'Assemblée Nationale, cet objet nous paroissant de la plus grande importance, & regardant principalement la constitution. Fait à Herbisse, ce 17 Avril 1791,

Signé, J. B. MACHEREY, Maire; J. B. RICHARD, Municipal; MACHEREY, Procureur de la Commune.

NOTE

Sur la perpétuité des vœux des Moines, dont l'époque ne remonte également qu'au douzième siècle.

529. LA nourriture que la règle de saint Benoît prescrit à ses Moines est très-frugale; il semble cependant que St. Benoît trouvoit que de son temps la discipline monastique s'étoit déjà beaucoup relâchée sur cet article, lorsqu'il dit, *quoique nous lisions que le vin ne convient point du tout aux Moines, toutefois comme dans notre temps, il n'est pas possible de le leur persuader, au moins gardons la tempérance nécessaire.* Au reste, bien loin de chercher à s'attirer des prosélytes, saint Benoît étoit dans l'habitude de laisser les postulans frapper à la porte pendant plusieurs jours: si on leur répondoit, ce n'étoit que pour leur faire des difficultés & les maltraiter. Ceux qui résistoient à toutes ces épreuves, étoient admis; &, au bout d'un an, ils faisoient la profession qui consistoit à promettre la *stabilité*, la conversion de leurs mœurs & l'obéissance: cette promesse se faisoit par un écrit, que le nouveau Moine déposoit sur l'autel, alors on le revêtoit de l'habit du Monastère, *& on gardoit le sien pour le lui rendre, s'il arrivoit qu'il voulût quitter.*

Ces vœux n'étoient donc pas perpétuels, puisque la promesse n'étoit obligatoire, d'après cet usage de saint Benoît, qu'autant qu'il n'arrivoit pas que le Moine voulût quitter l'état qu'il avoit embrassé.

523. Le second Concile d'Orléans défend (Canon 18) de donner à l'avenir aux femmes la bénédiction de diaconesse, à cause de la fragilité de leur sexe.

Qu'on se rappelle & les conseils de l'Apôtre qui ne vouloit pas qu'on reçût, au nombre des veuves, celles qui étoient jeunes & que Satan pouvoit encore tenter & les différentes lois qui avoient fixé un âge très-mûr à l'épreuve des engagemens que les femmes étoient admises à prendre comme veuves ou diaconesses; & qu'on réfléchisse maintenant si le Saint-Esprit, le même Saint-Esprit qui inspiroit saint Paul, & qui a décidé les Pères d'Orléans à retrancher aux femmes la bénédiction de diaconesse, a pu prescrire aux Papes & aux Pères des Conciles dont ils ont trouvé le moyen de se rendre maîtres, de permettre à de jeunes personnes de quinze à seize ans d'engager leur liberté pour toujours; & cela, malgré la fragilité reconnue par les Pères du Concile d'Orléans : fragilité qui n'a pas varié pour l'espèce, s'il est vrai, comme ces Pères le prétendoient, qu'elle soit naturelle à leur sexe.

Qu'on recoure à nos Observations précédentes, page 12, Note 11, on trouvera des preuves de ce que saint Léon, Pape, & saint Bernard, étoient d'avis dans le douzième siècle, qu'un Religieux pouvoit sortir du cloître & se marier, qu'un tel mariage n'étoit pas nul: il résulte de-là par conséquent que le vœu perpétuel n'a commencé à être un empêchement dirimant que sur la fin de ce siècle, sous Alexandre III; & que jusques-là tout Religieux, qui quittoit son cloître pour se marier, en étoit quitte pour une pénitence, parce que, quoique le mariage fût un état honnête, il abandonnoit cependant une meilleure vocation. De l'établissement de la perpétuité des vœux, combinée avec celle de l'époque de l'établissement du célibat des Prêtres & de la condamnation du Divorce, il est prouvé qu'ils sont de la même date: que la même autorité, celle des Papes, a fait publier à-la-fois ces institutions également nuisibles à l'humanité, & que de ces trois fils unis ensemble, la Cour Papale avoit trouvé le moyen de faire une corde extrêmement forte, au moyen de laquelle elle a conduit jusqu'à nous, les Peuples & les Princes, non pour la plus grande gloire de Dieu, mais pour le plus grand avantage de son Vicaire & de ses courtisans.

EXTRAIT

De l'histoire du Concile de Trente, de PIERRE SOAVE-POLAN, *traduit par* JEAN DIODATI, *quatrième Edition, Paris* 1665.

LIVRE VII.

Page 548.

EN la seconde Chambrée le 17 Février, le premier qui parla fut le Père Soto, Espagnol, lequel, sur l'article du Divorce, distingua particulièrement la conjonction matrimoniale en trois; à l'égard du lieu de l'habitation ensemble, & de l'accouplement charnel; inférant qu'il y avoit semblablement trois séparations. Il s'étendit à démontrer que les Prélats Ecclésiastiques ont autorité de séparer les mariés ou de leur permettre le Divorce, quant à habiter ensemble, & à l'égard de l'accouplement charnel, pour toutes les causes par eux jugées convenables & raisonnables; demeurant toujours néanmoins ferme le lien matrimonial, en sorte que ne l'un ne l'autre des parties n'a permission de convoler à autres noces, & dit que c'étoit cela qui avoit été lié de Dieu, & ne pouvoit être délié par les hommes. Il se peina longuement sur ces paroles de saint Paul, lequel permet au marié fidèle, en cas que la femme infidèle ne veuille habiter avec lui, de demeurer séparé; & ne se contenta pas de l'exposition commune, que le mariage, entre les infidèles, n'est pas insoluble, prouvant que l'insolubilité provient de la loi de nature, par les paroles d'Adam, exposées par notre Seigneur Jésus-Christ, & par l'usage même de l'Église, en laquelle les mariés infidèles venant à recevoir baptême ne se marient pas de nouveau; & cependant leur mariage, fait pendant leur infidélité, n'est en rien différent de celui des autres fidèles; & se rangea à dire que le sens de Cajétan étoit meilleur à savoir que cette séparation de saint Paul du fidèle d'avec l'infièle, ne s'entend point à l'égard du lien matrimonial, & que c'étoit une chose qui devoit être bien considérée par le Concile.

Quant à la fornication, il dit, qu'icelle semblablement ne devoit point être cause de la séparation du lien, mais seulement de l'accouplement & de l'habitation commune. Il se trouva toutefois bien empêché, parce qu'il avoit auparavant dit que le Divorce pouvoit être permis à divers égards, pour plusieurs causes; car, puisque l'Evangile n'admet d'autre cause d'icelui, que la seule fornication, il faut de nécessité conclure qu'il parle en autre sens & d'une autre sorte de Divorce; & que ce divorce de l'Evangile doit être entendu à l'égard du lien, vu que, quant aux deux autres égards, il y a plusieurs causes de Divorce; il donna diverses expositions à ce passage de l'Evangile, & sans approuver ne reprouver aucune, il conclut qu'il falloit condamner l'article, attendu qu'on tenoit le contraire, comme de foi, par tradition apostolique, quoique regardant seulement aux paroles de l'Evangile, elles ne soient si claires qu'elles puissent convaincre les Luthériens.

Sur le quatrième article, touchant la polygamie, il dit, qu'elle est contre la loi de nature & qu'elle ne peut être permise, non pas même aux infidèles sujets des Chrétiens, & dit, que les Pères anciens avoient eu plusieurs femmes par dispense; & que les autres qui n'avoient été dispensés de Dieu, avoient vécu en continuel péché.

LIVRE VIII.

Ibid. pag. 610.

Le vingt-deuxième Juillet furent produits les anathématismes, peu différens de la forme, en laquelle ils furent du depuis arrêtés. La plus grande diversité fut que jusqu'alors, on n'avoit point pensé à celui qui est le cinquième en rang (1), auquel sont condamnés les Divorces, permis au Code Justinien, & lequel avoit été ajouté à l'instance du Cardinal de Lorraine, pour s'opposer aux Calvinistes & condamner leur opinion ; il ne laissa pas pourtant d'être aisément reçu, étant conforme à la doctrine scholastique & aux décrets des Papes ; mais en celui qui traite du Divorce, pour cause d'adultère, les compositions des canons s'étoient abstenus d'user du mot *anathema*, ayant égard à ne condamner l'opinion qu'avoit tenu saint Ambroise & plusieurs Pères de l'Eglise Grecque. Nonobstant cela autres, ayant opinion que c'étoit là un article de foi, & la plupart des Pères y consentant par leur suffrages ; le canon fut réformé par l'addition de l'anathême, condamnant quiconque diroit, que par l'adultère est solu le lien du mariage ; & que l'un des mariés peut contracter nouveau mariage du vivant de l'autre ; mais ce canon reçut encore un autre changement comme il sera dit en son lieu.

Ibid. pag. 619.

A la fin de la Congrégation (du douzième d'Août) les Ambassadeurs de Venise firent lire une demande qu'ils faisoient sur l'anathématisme des Divorces, laquelle contenoit en substance que leur République tenoit les Isles & Royaumes de Chypre, de Candie, de Corfou, de Zanthe, de Céphalonie, habitées de Grecs, lesquels de toute ancienneté ont la coutume de répudier la femme adultéresse, & d'en prendre une autre ; lequel usage, quoique notoire à toute l'Eglise, n'avoit jamais été condamné, ne repris par aucun Concile ; & aussi n'étoit-il pas raisonnable de les condamner en absence, attendu qu'ils n'avoient pas été appellés à ce Concile ; & pourtant qu'il plût aux Pères d'accommoder le canon qui parloit de cela, en sorte qu'il ne leur fît aucun préjudice. Les Légats ayant reçu cette requête, la firent proposer sans l'examiner plus particulièrement, dont il s'éleva quelque bruit entre les Pères ; & en la suivante Congrégation aucuns d'eux touchèrent le

(1) Si quelqu'un dit que le lien des mariages peut être dissous, à raison de l'hérésie, de l'habitation fâcheuse, ou de l'absence affectée de l'un des conjoints, que cet homme soit anathême. *Session* 24, *Canon* 5. Le Concile de Nicée a erré, voyez page 218, des précédentes observations où les Pères du Concile de Trente se sont trompés.

même point, repliquant ce qui étoit porté par la requête, qu'il n'étoit pas raisonnable de condamner les Grecs, non omis & non cités; mais l'Archevêque de Prague s'éleva à l'encontre, disant, que cela ne se pouvoit dire; & que par la citation générale de tous les Chrétiens, eux aussi s'entendoient appelés & conviés par le Pape, & le Cardinal de Warmic ajouta encore de plus que le Pape avoit aussi spécialement envoyé au Duc de Moscovie, pour le convier au Concile; & combien qu'il ne fût point qu'il eût appellé autres Grecs en particulier, il falloit toujours présupposer que toute la Nation avoit été conviée par semonce particulière, outre que comme l'Archevêque de Prague avoit dit l'intimation générale suffisoit, & parlant, les Légats ordonnèrent aux Secrétaires qu'il rayât de la demande desdits Ambassadeurs cette clause; que les Grecs n'avoient point été appelés, mais tant à cause de leurs remontrances que pour ce que de rechef se mirent en champ, ceux qui ayant égaré à l'opinion de saint Ambroise, ne vouloient qu'on apposât l'anathême à ce canon; on y trouva un tempérament qui fut, non pas de condamner ceux qui disent que par l'adultère le mariage peut être défait, & qu'il en peut être contracté un autre, comme saint Ambroise & autres Pères Grecs ont dit, & comme les Orientaux le pratiquent; mais d'anathématiser ceux qui disent que l'Eglise erre, enseignant que par l'adultère le lien du mariage n'est point dissous, & qu'il n'est loisible d'en contracter un autre, comme disent les Luthériens, & la minute en fut unanimement approuvée, & même louée par plusieurs qui disoient que le Concile n'étoit convoqué que pour condamner les opinions des Protestans, & non pour traiter de celle des autres Nations; quoique de vrai ce scrupule demeurât en plusieurs, comment on pouvoit condamner ceux qui disoit que l'Eglise erre, en enseignant un article, sans condamner tout d'une main le contraire d'icelui (1);

(1) La Cour de Rome s'est bien trouvée de cette méthode; aussi en suivant le même principe, & n'entendant sans doute condamner que les erreurs supposées aux Jansénistes par les Molinistes, elle a proscrit cette proposition, *la crainte d'une excommunication injuste ne doit pas nous empêcher de faire notre devoir*; sans cette tournure italienne, on prendroit cette condamnation à la lettre, & il s'ensuivroit, que la peur d'une excommunication injuste devroit nous empêcher d'aimer Dieu, d'être charitable, bon mari, épouse fidèle, &c., s'il plaisoit à un fou d'excommunier pour toutes ces causes, Jean VIII n'excommunia-t-il pas le voleur qui avoit dérobé son écuelle ?

mais néanmoins voyant que tant de personnes l'entendoient ainsi, ils y acquiescèrent.

Ibid. même page.

L'Evêque de Sulmone, premier de tous, mit cette question sur le Bureau, en Congrégation publique, à savoir si la matière de la cassation de ces mariages (clandestins) appartenoit à dogme ou réformation; & l'Evêque de Segovie, après lui, fit un très-long discours pour montrer qu'elle ne pouvoit être réduite à dogme; & pourtant vu que le plus grand nombre des voix avoit approuvé la cassation (de ces mariages) le décret pouvoit être tenu pour arrêté & conclu; l'Evêque de Modène suivit le même avis, ajoutant que de traiter de cette matière, par voie de dogme, ne seroit autre chose que clorre la porte à toute réformation; d'autant qu'en tous articles on pourroit susciter la même difficulté à savoir si l'Eglise a, ou n'a point autorité sur le fait dont il s'agissoit.

Ibid. pag. 649.

Mais, sur le septième canon, on jugeoit que c'étoit une façon de parler captieuse, de condamner pour hérétique, qui dira que l'Eglise a erré, enseignant que pour l'adultère le mariage n'est point défait. Car, d'un côté, si quelqu'un disoit absolument que par l'adultère le mariage est dissous, sans dire ne penser qu'aucun ait erré ou non, en enseignant le contraire, il sembleroit n'être point compris en cet anathématisme; & de l'autre, il n'appert point comment aucun peut avoir ce sentiment, sans tenir le contraire pour erreur; & pourtant on disoit qu'il falloit parler nettement, & dire tout rondement que par l'adultère le mariage n'est point défait, ou bien que toutes les deux opinions sont probables, sans en faire un article conçu en ces termes exprès & précis. Mais ceux qui discouroient ainsi, n'auroient, peut-être, fait ces difficultés, s'ils eussent su les causes pour lesquelles on parla en cette sorte, dont mention a été faite ci-dessus.

L'exposition des faits relatifs au Divorce, est dans le Père le Courayer, Tome II, pages 618, 619 & 634, parfaitement semblable à celle de Soave. Fra-Paolo-Sarpi, page 650, s'explique comme ce dernier, sur la morale de Soto, & on peut voir à la note que le Père le Courayer a mis au bas de la page 634 de son second volume, combien Palavicin a tort d'accuser d'omission Fra-Paolo; il suffit de considérer ce qu'avoue lui-même Palavicin, liv. XXII, chap. 4, nomb. 27 & suivans, pour être convaincu que la version de Soave est vraie sur-tout lorsqu'il a dit que ce canon avoit été changé par égard, pour l'usage des Grecs, qu'on n'a par conséquent pas entendu condamner.

Dans le détail des erreurs que Palavicin, à la fin de son histoire, reproche à Soave, n°. 79 & 94, on peut voir qu'il n'y en a aucune, puisque le changement qui eut lieu fut fait sur la requête des Vénitiens, & que Soave n'a pas dit que tous les Pères n'avoient pas consenti au décret du mariage.

EXTRAIT DES REGISTRES DU PARLEMENT DE PARIS,

Du 26 Février 1677.

Procès-verbal contenant la profession de foi de cette Cour sur le Concile de Trente, & son opinion relative au DIVORCE.

M. LE PREMIER-PRÉSIDENT.

CE jour les Gens du Roi sont entrés, & ont dit, que, suivant l'Arrêt du 31 Juillet dernier, ils auroient fait avertir M. Gaston Chamillard, Docteur en Théologie, Syndic de la Faculté; & M. Jacques l'Huillier, aussi Docteur en Théologie, de se trouver en la Cour, & qu'ils étoient au Parquet des Huissiers. Et à l'instant ayant été mandés, M. le Premier-Président leur a dit en présence des Gens du Roi, que la Cour avoit su, quoiqu'un peu tard, qu'il s'étoit soutenu une Thèse de Vesperie en Sorbonne le 18 Juillet 1675, dans laquelle contre la Doctrine de l'Eglise, l'autorité du Roi, & l'opinion ancienne & perpétuelle de la Faculté de Théologie, il y avoit des propositions qui sembloient induire, que les Princes Souverains ne pouvoient pas faire dans leurs Etats des Lois & des Empêchemens dirimans les Mariages ; que la Cour les avoit mandés pour s'expliquer sur une Doctrine si contraire à la vérité & à la dignité de la Couronne.

Ledit M. Gaston Chamillard, après avoir donné quelque interprétation aux termes de la Thèse, a déclaré tant pour lui que pour ledit l'Huillier présent, que ledit l'Huillier en composant sa Thèse, & lui qui parloit, en la souscrivant comme Syndic, *n'avoient point eu d'autre Doctrine que celle que les Conciles Généraux leur avoient enseignée touchant la matière du Mariage ; sans prétendre déroger à l'autorité qu'ils reconnoissent appartenir aux Princes séculiers, de déclarer les mariages* non valablement contractés ; *lorsqu'ils ont été faits au préjudice des Lois civiles & des Ordonnances reçues dans leurs Etats.*

Après laquelle déclaration Maître Denys Talon, Avocat du Roi, a dit :

MESSIEURS,

LA Thèse soutenue, par Jacques l'Huillier, dans l'Acte de Vesperie du 18 Juillet 1675, concernant ce que les Canonistes appellent *Empêchemens dirimans le mariage*, est contraire à l'autorité du Roi & aux droits de la Couronne, & détruit tacitement toutes les Ordonnances, tant anciennes que modernes, faites sur cette matière, & les Arrêts qui se rendent tous les jours en exécution de ces Ordonnances. Elle attribue indistinctement à l'Eglise le pouvoir de mettre des Empêchemens qui annulent les Mariages (1). Si cette proposition étoit tolérée de la manière qu'elle est exprimée dans la Thèse, on donneroit à l'Eglise, c'est-à-dire aux Personnes Ecclésiastiques, au Pape & aux Evêques, un pouvoir tout au moins indirect

(1) La proposition que le Parlement relevoit dans cette Thèse, étoit conçue en ces termes : *Non audiendus quisquis hanc potestatem (solvendi impedimenta dirimentia Matrimonium) Ecclesiæ eripit, ut Principibus sæcularibus eam adscribat.*

de faire des Lois civiles, qui rendroient les personnes inhabiles à contracter Mariage. Car, comme *les Mariages par leur nature, par leur objet & par leur fin, sont des Contrats civiles;* aussi ne peuvent-ils être établis que par une Puissance souveraine. Rendre ce contrat légitime ou invalide, rendre les personnes qui contractent, habiles ou inhabiles au Mariage; & c'est l'effet d'un Pouvoir souverain sur le temporel. Il n'y a que le Législateur ou le Prince qui donne la force aux contrats, qui en puisse prononcer la validité ou la nullité. Si donc l'Eglise représentée par les Conciles, par le Pape & par les Evêques, a droit d'établir des Empêchemens qui annulent le Mariage, elle aura le pouvoir de faire des Lois civiles qui regardent purement le temporel. Ce qui causeroit un renversement & une confusion des Puissances Ecclésiastiques & Séculières. A-t-on jamais douté que les Empereurs Chrétiens n'aient été les Maîtres souverains & *les seuls Juges* des conditions qui peuvent valider ou annuler les Mariages? N'est-ce pas l'Empereur Théodose qui a prohibé les Mariages entre les cousins-germains? Et outre que nous en avons des Lois, les Historiens ne rendent-ils pas témoignage de cette vérité? Saint Ambroise, qui étoit du temps de cet Empereur, dans sa lettre à Paterne, reconnoît l'effet de cette Loi prohibitive. Il l'attribue au pouvoir de ce Prince, & non à celui de l'Eglise. *Theodosius Imperator etiam fratres patrueles & consobrinos vetuit inter se conjugii convenire nomine, & severissimam pœnam statuit.* Saint Augustin, dans le Livre 15 de la Cité, Chapitre 16, parlant de la prohibition de Théodose, dit qu'avant cette Constitution les Lois permettoient les Mariages des cousins-germains; mais que depuis que les Empereurs les ont défendus, ils sont invalides. *Experti sumus in connubiis consobrinorum etiam nostris temporibus, propter gradum propinquitatis fraterno gradui proximum, quam rarò per mores fiebant; quia id nec divina prohibuit, & nondùm prohibuerat Lex humana.* L'Eglise Romaine a reconnu de bonne foi cette vérité dans les derniers temps. Car le Concile général de Latran, auquel Callixte II a présidé, n'a fait autre chose qu'exécuter & renouveler la Loi de cet Empereur dans le Canon 5. *Conjunctiones consanguineorum fieri prohibemus, quoniam eas & divinæ & sæculi prohibent Leges.* Par les *Lois divines* le Concile entend ce qui est écrit dans le Lévitique; & par les *Lois séculières*, les Constitutions des Empereurs Romains. Sont-ce pas aussi les Empereurs Constantin, Constans, Honoré & Théodose le jeune, qui ont fait un empêchement annulant le Mariage à cause de l'affinité qui vient du lien conjugal, ou de la fornication? Les Lois en sont formelles dans le Code Théodosien. Quand le Pape Nicolas I répond aux Peuples de Bulgarie, qui l'avoient consulté sur ce sujet, il n'établit cette prohibition procédant de l'affinité, que sur les Lois des Empereurs qui ont défendu ces Mariages à cause du baptême ou de l'adoption; ce qui se doit entendre de la Constitution de Justinien. Enfin, les Empereurs Valentinien, Valens, Théodose & Arcade, sont les premiers qui ont défendu les Mariages des Chrétiens avec les Gentils & les Infidèles. Nous avons le Titre *de Nuptiis Gentilium*, au Code Théodosien. De tous ces empêchemens *par qui les défenses ont-elles été accordées?* Sont-ce les Evêques ou les Empereurs? Et *peut-on douter que les Princes n'aient long-temps exercé ce pouvoir, sans que les Conciles ni les Evêques s'en soient plaints?* Le titre du Code Théodosien, *Si Nuptiæ ex Rescripto petantur*, est plein de Constitutions faites pour ces dispenses. Dans Cassiodore il y a des formules de Lettres que les Princes donnoient à ceux qu'ils vouloient exempter de la rigueur de la Loi. On ne disoit point dans ce temps où les Ecclésiastiques n'avoient pas encore entrepris d'usurper une Jurisdiction temporelle, & d'anéantir l'autorité royale, & l'on étoit même bien éloigné d'avancer la proposition contenue dans la Thèse, & de dire comme fait Jacques l'Huillier, que *c'est une erreur de vouloir ôter à l'Eglise le droit de faire des empêchemens annulans le Mariage, pour le donner aux Princes séculiers.* Proposition téméraire, séditieuse, & qui fait injure au Sacerdoce & aux Puissances séculières. Si nous voyons que les Conciles & les Papes aient parlé de ces empêchemens dirimans, ce n'a point été pour en établir de nouveaux, mais pour faire exécuter ceux qui avoient été établis par les Lois civiles & par les Constitutions des Empereurs. Le Concile de Tours, tenu en 567, au Canon 12, après avoir confirmé les prohibitions marquées dans le Lévitique, rapporte les deux Lois du Code Théodosien, dont l'une pour la consanguinité regarde les Mariages des oncles & des cousins-germains; l'autre est pour l'affinité; & ensuite il ordonne que leur disposition sera exécutée. Les Evêques de France assemblés à Mâcon, en 585, ne décidèrent rien dans le Canon 17, que conformément aux Lois civiles. *Incestam copulationem, in quâ nec conjux nec nupta rectè appellari Leges sanxerunt, Catholica omninò detestatur atque abominatur Ecclesia.* Le mot de *Leges* opposé à celui d'*Ecclesia*, n'a point d'autre signification, que celle de *la Loi civile.* La distinction subtile qu'ont faite les nouveaux Théologiens entre la cause & les effets civils, pour dire que les Princes ont pouvoir seulement sur les effets civils, est sans aucun fondement, parce qu'on ne peut pas séparer l'un d'avec l'autre. La cause du Mariage est le contrat civil qui n'est autre chose que le consentement réciproque des parties, donné suivant les Lois. Le pouvoir qu'ont les Princes sur les effets civils, vient tellement du pouvoir qu'ils ont sur la cause qui les produit, que s'ils n'avoient aucune autorité sur la cause qui est le contrat, ils ne la pourroient avoir sur les effets. C'est en vain que l'on oppose les Décrets du Concile de Trente. Ce Concile n'est point reçu dans le Royaume; & il est inutile de distinguer entre les choses qui concernent la Police, & celles qui regardent les Dogmes; car, puisque la faculté de Théologie a cru pouvoir traiter d'Hérétiques ceux qui doutent que la Vierge soit conçue sans péché, bien que le Concile de Trente ait laissé cette question indécise; pourquoi ceux qui dans un point de Doctrine ne veulent pas se soumettre aux Décrets de ce Synode, veulent-ils nous opposer son autorité *dans les choses qui ne regardent point la Foi; qui ne seroient au plus que discipline, & qui ont un rapport & une liaison nécessaire avec le Gouvernement politique?* Delà vient qu'encore que ce Concile ait lancé des anathêmes contre ceux qui doutent de la validité des mariages des enfans de famille, contractés contre la volonté de leurs pères, & qu'il ait prononcé la même peine à l'égard de ceux qui soutiennent que l'Eglise ne peut pas apporter empêchemens aux Mariages; toutes ces choses ne peuvent être des matières de Foi; & *il seroit étrange que les Evêques assemblés dans un Concile, eussent le pouvoir d'étendre leur autorité par des décisions de cette nature, & de donner atteinte à la Puissance que les Souverains ont droit d'exercer dans toute l'étendue de leur Empire.* Aussi nonobstant ce Concile, nous avons toujours tenu pour maxime en France, que les enfans de famille ne peuvent valablement contracter Mariage, sans l'autorité de leurs père & mère ou de leurs Tuteurs; & vous déclarez tous les jours, Messieurs, ces sortes de Mariages *non valablement contractés.* Ne fait-on pas d'ailleurs que l'on avoit résolu dans le Concile par un premier Décret, de condamner les Mariages des enfans de famille, & que la seule crainte de les porter à des débauches en retardant leur Mariage, fit changer cette résolution? Ce changement dans les déterminations du Concile, marque suffisamment que ce n'est pas une matière de Foi; & on ne nous peut rien imputer si n'approuvant pas son second Décret, nous nous sommes conformés au premier. Et quand les Pères du Concile disent que les Mariages clandestins ont été valables, tant que l'Eglise ne les a point réprouvés, & qu'à l'avenir ils déclarent ceux qui se marieront en secret & hors de la présence de leur Pasteur, *inhabiles à contracter;* comment peut-on soutenir qu'il appartienne aux Evêques & à la Puissance Ecclésiastique de rendre les sujets du Roi capables ou incapables de passer le plus important de tous les contrats de la société civile? Si l'Ordonnance de l'année 1639 s'est contentée d'ôter les effets civils aux Mariages qui se célébroient à l'extrémité de la vie, après une conjonction illicite; c'est que le mal n'avoit pas besoin d'un autre remède, & qu'il étoit inutile d'examiner ou de décider si ces sortes de Mariages étoient absolument nuls; parce que le lien qu'ils auroient pu produire venant à se rompre par la mort de l'un des conjoints, il ne restoit plus que de savoir si le survivant en pouvoit tirer quelqu'avantage, & si l'ombre & la figure de ces Mariages pourroient rendre légitimes les enfans nés dans la débauche. Mais à l'égard des Mariages des enfans de famille, on ne se contente pas de prononcer sur les effets civils: on les déclare *non valablement contractés;* & l'on anéantit de telle sorte le contrat qu'ils s'étoient efforcés de faire au mépris de l'autorité des Pères & des Lois de l'Etat, qu'il n'en reste ni traces ni vestiges; & qu'étant entièrement déliés des chaînes de ce premier engagement injuste, ils peuvent légitimement & sans scrupule contracter un autre Mariage. De sorte que, pour nous réduire, nous croyons que l'on ne peut pas douter sans une extrême

extrême ignorance, que l'autorité d'apporter des empêchemens aux Mariages, appartient à tous les Princes dans l'étendue de leur Empire, & qu'ils n'aient pendant plusieurs siècles exercé paisiblement cette puissance avec l'approbation des Conciles, du Pape & des Evêques qui ont reçu avec respect les Lois que les Empereurs ont fait publier sur cette matière. Il est vrai que ces Lois ont été adressées quelquefois aux Evêques, aussi bien qu'aux Juges séculiers; les Princes s'étant persuadés que leurs Ordonnances seroient mieux exécutées, si l'on ajoutoit la terreur des censures ecclésiastiques, à la sévérité des peines temporelles. C'est ce qui a fait que les Evêques, *comme Exécuteurs des Lois des Empereurs*, ont commencé de prendre connoissance des causes des Mariages. C'est ce qui fait qu'on trouve dans les Conciles, des Canons qui contiennent des défenses de contracter Mariage, même dans les cas dans lesquels ils étoient défendus par les Lois des Empereurs. En sorte, qu'à proprement parler, l'autorité qui appartient aux Conciles & aux Evêques sur cette matière, c'est de *conserver la décence & la pureté d'un Sacrement auguste;* c'est d'empêcher les conjonctions illicites & incestueuses; c'est de retrancher de la Communion des Fidèles, ceux qui étant tombés dans ce désordre, ne veulent pas s'en séparer. Mais de savoir quand les parties qui se présentent pour recevoir la bénédiction de l'Eglise, sont capables ou incapables de contracter; si la résistance d'un père ou d'un tuteur, est un obstacle au Mariage qu'ils veulent célébrer; si un homme libre se peut allier avec une Esclave; si un Sénateur peut épouser une Comédienne ou une personne infâme; tout cela dépend de la Jurisdiction séculière & des Lois civiles; & les Evêques doivent suivre en cela ce qui est prescrit par les Ordonnances du Royaume; & si eux ou leurs Officiaux connoissent des causes de Mariage dans un Tribunal extérieur, *c'est un pouvoir que les Princes leur ont attribué;* qu'ils n'exercent qu'avec dépendance; qui leur peut être ôté s'ils en abusent; & ils sont indispensablement obligés dans les jugemens qu'ils rendent, de prononcer suivant la disposition des ordonnances que les Princes établissent dans leurs Etats. Delà, il est aisé de conclure, que non-seulement pour ce qui regarde les effets civils qui dérivent du Mariage, mais la validité ou a nullité du contrat est du ressort & de la jurisdiction des

Princes séculiers; & qu'à la réserve des *avertissemens* & des *conseils* qui se donnent au Tribunal de la Confession, les Evêques ne peuvent connoître de cette matière qu'en deux manières; ou comme membres de l'Etat, lorsque le Roi, pour établir quelque Loi nouvelle ou pour confirmer les anciennes, demande les avis des Etats du Royaume; ou bien en exerçant une *autorité précaire*, & soumise à la Puissance royale. Nous savons que quelques Docteurs modernes ont voulu distinguer dans les Mariages deux sortes de contrats; l'un civil, dont ils avouent que les Princes peuvent déterminer les conditions & les effets; l'autre naturel, qu'ils disent n'être point de leur ressort, & ne dépendre que de la volonté des contractans, & sur lequel l'Eglise exerce son autorité depuis qu'il est élevé à la dignité de Sacrement. Mais cette distinction subtile ou plutôt chimérique, n'a point de fondement; & s'il est vrai qu'il y ait des contrats qui soient purement de droit naturel (1), le Fils de Dieu n'a point attribué aux Apôtres ni à leurs Successeurs, le pouvoir d'en juger la validité, à l'exclusion des Princes & des Magistrats; & si des Peuples barbares ont confondu quelque temps l'honneur & la dignité du Mariage avec le mélange des corps, la débauche & le libertinage, il n'y a point eu de Nation policée qui n'ait établi des règles concernant les Mariages, comme étant l'action la plus importante de la société civile, & dans son principe & dans ses effets; & ces Lois étant en vigueur lorsque l'Evangile a été publié, notre souverain Législateur s'est expliqué en toutes rencontres, qu'il ne venoit pas pour les anéantir ni pour les détruire, mais plutôt pour exciter les hommes à les observer, par ses paroles & par son exemple, & pour enseigner à ses Disciples une obéissance respectueuse.

Rien n'est donc plus insoutenable que la proposition insérée dans la Thèse de l'Huillier, qui veut que l'Eglise, c'est-à-dire, les Conciles, le Pape & les Evêques, aient seuls droit d'apporter des empêchemens aux Mariages, & qui semble vouloir insinuer que l'autorité que les Princes

---

(1) Voyez le Traité des Lois de M. Domat, où cette matière est très-bien expliquée, mais d'une manière qui n'est point du tout conforme aux idées de nos Théologiens modernes.

& leurs Officiers exercent sur cette matière, est une espèce d'usurpation. Mais comme par l'explication que le Syndic vient de donner à la Thèse, il déclare n'avoir point prétendu étendre la Jurisdiction Ecclésiastique au delà des bornes prescrites par les Canons des Conciles généraux, dans le nombre desquels celui de Trente, qui n'est point reçu dans le Royaume, ne peut être compris, & qu'il ajoute qu'il reconnoît que les Princes peuvent faire déclarer les Mariages *non valablement & abusivement contractés*, quand ils ont été faits au préjudice des Ordonnances reçues dans leurs Etats; nous acceptons cet aveu comme une rétractation de ce que la Thèse contenoit de contraire à l'autorité du Roi & aux droits de la Couronne; & persuadés que la faute dans laquelle ils sont tombés par inadvertence, n'aura point de suite, nous croyons qu'il n'est pas nécessaire d'ordonner la suppression de la Thèse, ni de rien prononcer contre celui qui l'a soutenue; & nous supplions la Cour d'ordonner qu'il sera fait registre de la déclaration faite par le Syndic, tant pour lui que pour l'Huillier; & outre ce, d'avertir le Syndic d'être plus exact dorénavant en souscrivant les Thèses, & ne pas souffrir qu'il s'y glisse aucune proposition contraire à l'autorité du Roi. aux droits de sa couronne, & aux libertés de l'Eglise Gallicane.

M. le Premier-Président ayant été prendre l'avis de Messieurs, & s'étant remis à sa place, a dit auxdits Charmillard & l'Huillier, que la Cour étoit satisfaite de leur déclaration; mais que leur Thèse avoit eu besoin de l'explication qu'ils lui avoient donnée, particulièrement à cause de ces termes, *Non audiendus quisquis hanc potestatem Ecclesiæ eripit, ut Principibus sæcularibus eam adscribat;* parce que ces paroles sembloient donner atteinte au pouvoir souverain que les Rois ont de faire des Lois irritantes sur le sujet des Mariages; que les Rois tenoient ce pouvoir de Dieu seul, comme faisant partie de cette Puissance souveraine qui regarde le temporel de leurs Royaumes; que quand l'Eglise de son côté a pris connoissance des Mariages à cause du Sacrement, ç'a été sans toucher à l'autorité que les Souverains ont toujours eue sur le contrat qui est la base & le fondement du Sacrement, & qui est aussi le principal de tous les contrats qui soutiennent la vie civile; que Jésus-Christ qui est l'auteur des Sacremens, comme il est l'auteur & le consommateur de notre Foi, n'a point diminué ce pouvoir absolu des Rois, lorsqu'il a élevé le Mariage à la dignité du Sacrement (1); au contraire, l'Evangile & la Loi nouvelle qu'il est venu apporter sur la terre, augmentent encore la soumission & l'obéissance des Sujets à l'égard de leurs Princes, en les y attachant par un nouveau lien plus fort que tous les autres, qui est celui de Religion; que tel a été le sentiment des plus savans Théologiens qui en ont parlé dans le Concile de Trente, même au rapport du Cardinal Palavicin, qui étant Cardinal & écrivant dans Rome l'histoire de ce Concile, ne doit pas être suspect sur cette matière. Aussi long-temps durant, l'Eglise n'a point observé d'autres Lois touchant les Mariages, que celles des Empereurs; quand elle a commencé à faire des règles & des canons sur ce sujet, elle l'a fait avec beaucoup de circonspection; n'ordonnant rien de contraire aux Lois civiles, & même reconnoissant qu'on devoit s'adresser aux Empereurs, cette matière regardant aussi leur jurisdiction (2); *In eâ re legem Imperialem petendum promulgari*, ou selon la Version Grecque du Code des Canons de l'Eglise d'Afrique, *qu'il étoit nécessaire de demander sur cela une Loi de l'Empereur.* Ce sont les paroles des Evêques assemblés à Mileve en 416, lorsqu'ils déclarèrent que celui qui quitte sa femme pour adultère, n'en doit point épouser une autre. Quoique ce point fût essentiel au Sacrement, & qu'il dépendît de l'explication de l'Evangile; néanmoins tant que les Lois civiles ont voulu autoriser ces Mariages, l'Eglise, & particulièrement celle de France, a eu la considération de restreindre ses défenses à un simple conseil; & même l'Eglise d'Orient a toujours suivi en cela la disposition de la Loi civile, sans que l'Eglise Romaine qui est l'Eglise universelle (3), y ait rien trouvé à redire pendant plusieurs siècles, & jusqu'au Concile de Florence; ni qu'elle ait

---

(1) On a remarqué (dit l'Auteur du Traité sur le Mariage) l'inexactitude de cette expression, qui métamorphose le mariage dans le Sacrement établi pour sanctifier le Mariage, quoique le Mariage & le Sacrement soient très-distingués l'un de l'autre, comme on l'a prouvé évidemment.

(2) *Can.* 102. *Cod. Eccles. Afric.*

(3) C'est-à-dire le centre de la Communion Catholique.

auparavant mis cet article entre les erreurs des Orientaux. Il eſt vrai que l'Egliſe qui tend toujours à la perfection, a réduit dans la ſuite ce conſeil en précepte, ou plutôt en défenſes expreſſes; & les Lois civiles ne s'y ſont point opposées; que ceux qui ont quelque connoiſſance de l'antiquité, ſavent que le ſeul Droit Romain a été obſervé pour les degrés de parenté, & pour pluſieurs autres choſes qui concernent les Mariages, juſqu'à ce que l'autorité des Empereurs & celle de leurs Lois aient été abolies dans l'Occident; & ſi les Conſtitutions que les Papes ont commencé à faire en ce temps & ſur ce ſujet, ſont différentes des Lois de Juſtinien & de Théodoſe, cette différence vient de l'ignorance du temps, & non pas de l'intention des Papes qui croyoient s'y conformer. Quoi qu'il en ſoit, jamais l'Egliſe n'a prétendu ôter aux Rois ce pouvoir qu'ils avoient avant qu'elle fût établie ſur la terre: elle n'auroit pas pu même le faire, parce qu'ils le tiennent immédiatement de Dieu, & indépendamment de toutes les Puiſſances du monde; & quand la Théologie a traité cette queſtion dans les Ecoles, les plus grands Docteurs entre les Scholaſtiques, & entr'autres ſaint Thomas qui en eſt le Chef, ont dit que le Mariage avoit pluſieurs rapports. Comme il ſe rapporte à l'Egliſe en tant que Sacrement, il dépend auſſi du Prince ſéculier en tant qu'il eſt un contrat civil; de ſorte que ſi l'Egliſe peut faire des conditions irritantes à l'égard du Sacrement, le Prince avoit auſſi ce pouvoir à l'égard du contrat, lequel étant nul par défaut du conſentement légitime, le Sacrement n'y peut être attaché, NON PLUS QUE LA FORME NE PEUT SUBSISTER SANS LA MATIERE; que c'étoit auſſi de la ſorte que la Cour entendoit leur déclaration, laquelle elle ne recevoit pas autrement: car puiſqu'ils reconnoiſſent que les Princes ont droit de déclarer les Mariages *non valablement & abuſivement contractés*, lorſqu'ils ſe font au préjudice des Lois civiles & des Ordonnances reçues dans leurs Etats, le contrat étant *non valable & abuſif*, eſt nul: ce qui eſt nul, n'eſt pas; & par conſéquent ce contrat n'étant point, ne ſubſiſtant pas, le Mariage ne peut auſſi en aucune façon ſubſiſter. Ainſi les Lois qui irritent le contrat, & qui le rendent nul, par une diſpoſition préciſe pour la nullité, irritent entièrement le Mariage, empêchent qu'il ne ſoit un Sacrement; puiſque le Sacrement ne peut être ſans un contrat. Cependant qu'ils devoient bien prendre garde qu'à l'avenir on ne mît plus dans les Thèſes des propoſitions ſemblables, que reſtraignent le pouvoir des Rois purement aux effets civils, ou qui ont un ſens équivoque, & qui peuvent former des doutes contre la ſaine & véritable Doctrine, laquelle n'ôtant rien à l'Egliſe de ce qui lui appartient, conſerve auſſi aux Rois ce que Dieu ſeul leur a donné avant qu'il eût formé ſon Egliſe.

TABLE

DES

DERNIÈRES OBSERVATIONS,

Contenant l'examen du Concile de Trente, & la conclusion de l'Ouvrage.

Fin de la Table des dernières Observations.

ERREURS A CORRIGER.

Page 9, ligne 8 de la Note, *ſi quis dixit*, liſez *ſi quis dixerit*.

Page 22, ligne 6, quelque jour qu'il arrivât, *liſez* quelque jour de la ſemaine qu'il arrivât.

Même page, ligne 29 & 30, ni les Evêques de France ni ceux d'Italie, ne condamnèrent pas, *liſez* les Evêques de France & ceux d'Italie, ne condamnèrent pas.

Page 24, ligne 24, dût forcer les Papes Grecs, *liſez* dût forcer les Popes Grecs.

Page 48, ligne 8 de la note, *pepetuum*, liſez *perpetuum*.

Page 53, ligne 22, eſt comme proſcrit en France, *liſez* eſt comme preſcrit en France.

Page 66, ligne 5, comme fidèles les Officiers, des Cours, *liſez* comme fidèles, les Officiers des Cours.

Même page, ligne 9, rejeté des Catholiques, *liſez* rejette par les Catholiques.

Page 67, jamais on n'eût admis, *liſez* jamais on n'a admis.

Page 71, ligne 13, tolérée, *liſez* tolérée, *ibidem* permiſes. *liſez* permiſe.

Page 79, ligne 21, & plus encore la loi divine, *liſez* & plus encore par la loi divine.

Même page, dernière ligne, épouſer ſept noirs, *liſez* épouſer ſept Nairs.

Page 80, ligne 19, on n'a point, *liſez* qu'on n'a point.

Page 81, ligne 13, & aſſurer de l'exiſtence du premier, *liſez* & aſſurer l'exiſtence du premier.

Page 88, ligne 26, on ſuivoit la même doctrine, *liſez* on ſuivoit la ſaine doctrine.

Page 92, ligne 9, ne néceſſiteront, *liſez* ne néceſſitera.

Même page, ligne 10, ne diſpenſeront, *liſez* ne diſpenſera.

Page 111, ligne 17, de la Baſtille ou les priſons de Bicêtre, *liſez* les priſons de la Baſtille ou de Bicêtre.

www.ingramcontent.com/pod-product-compliance
Ingram Content Group UK Ltd.
Pitfield, Milton Keynes, MK11 3LW, UK
UKHW021150260726
13994UKWH00001B/373